KB269804

블랙박스를 말하다

블랙박스를 말하다

|과학으로 진실을 복원하다|

유력 지음

**10여 년간 1,700여 건의 교통사고,
그중에서 엄선한 32건의 영상분석 사례**

좋은땅

프롤로그

오늘날 교통사고 영상은 사고 조사와 분쟁 해결 과정에서 가장 중요한 증거 자료 중 하나로 자리 잡았습니다. 교통사고 현장은 언제나 순식간에 지나가고, 목격자의 기억은 불완전하며, 물리적 흔적은 시간이 지남에 따라 소멸합니다. 이러한 한계를 보완하는 것이 바로 영상 분석입니다. 정지 거리, 속도 추정, 충돌 각도, 운전자의 조작 여부 등 눈으로 보기에는 단순해 보이는 영상 속 순간들이 과학적 분석을 거치면서 사고의 원인과 책임 구조를 밝히는 결정적 단서가 됩니다.

AI(Artificial intelligence) 시대에 접어들면서 교통사고 영상분석 기술은 새로운 국면에 들어섰습니다. 인공지능은 영상 속 차량과 보행자를 자동 인식하고, 속도와 이동 궤적을 계산하며, 충돌 시점을 수치화하는 데 있어 이미 사람보다 더 빠르고 정확한 결과를 낼 수 있습니다. 특히 딥러닝(Deep learning) 기반 객체 인식 기술은 영상 속 작은 움직임이나 어두운 환경에서의 불명확한 형체까지 포착해 내며, 고해상도 보정 기법은 흐릿한 영상을 선명하게 복원하는 수준까지 이르렀습니다.

그러나 실무에서의 교통사고 영상분석은 인공지능을 적용한 분석만으로는 충분하지 않습니다. 특히 차량 내 블랙박스의 설치 각도, 날씨·조도·도로 구조 같은 외부 환경 변수, 그리고 영상 자체의 왜곡은 인공지능이 자동으로 처리하기 어려운 영역입니다. 예컨대 동일한 충돌 장면이라도 카메라 화각에 따라 속도 계산이 달라질 수 있으며, 그림자나 반사광은 객체 인식 오류를 유발할 수 있습니다. 이러한 상황에서는 인공지능이 제공한 결과를 그대로 받아들이기보다, 전문가가 전체적인 내용을 검증하고 보정하는 과정이 필수적입니다.

인공지능은 영상분석의 많은 부분을 자동화하고 효율화할 수 있는 강력한 도구이긴 하지만, 현실의 제약 조건을 반영하여 데이터의 신뢰성을 확보하는 단계까지 완전히 대체하기에는 한계가 있습니다. 가까운 미래에는 인공지능과 전문가의 협업을 통해 더욱 신속하고 정밀한 분석 체계가 구축될 것이며, 이 책은 그러한 변화의 흐름 속에서 여전히 필요한 전문가의 분석 기준과 방향을 제시하고자 합니다.

이 책은 2018년부터 약 1,700여 건의 교통사고분석 및 상담 실무를 하며 접한 사례 중 엄선한 32건의 실제 분석 사례로 구성되어 있습니다. 이들 사례는 단순히 사고의 원인 분석을 넘어, 영상 자료가 법적 증거로써 어떤 역할을 할 수 있는지, 전문가가 어떤 절차와 논리로 진실에 접근하는지를 보여 줍니다. 독자들은 각 사례를 통해 사고 당시의 환경적 여건, 물리적 조건, 운전자 행위, 차량의 운동 역학이 어떻게 맞물려 결과로 이어졌는지를 확인할 수 있을 것입니다.

이 책은 교통사고를 다루는 경찰, 변호사, 보험업계 종사자, 수사기관 관계자, 법원 전문심리위원과 감정인 그리고 교통안전·과학수사학을 배우는 학생들을 위하여 마련되었습니다. 본문의 각 장은 하나의 분석결과서를 토대로 구성되며, '사고 개요 - 영상 분석 과정 - 분석 결과 도출 - 전문가 견해'라는 체계적 흐름을 따릅니다. 이를 통해 단순한 사고의 기록이 아니라, 분석적 사고를 훈련할 수 있는 학습 자료로 활용할 수 있도록 했습니다. 또한 각 사례별로 교통사고 영상 원본을 볼 수 있는 QR코드를 삽입하여 독자가 직접 사고 장면을 확인하고 파악할 수 있도록 하였습니다. 아울러 유사한 분석 사례들을 묶어 분류함으로써 여러분이 주요 분석 기법을 가능한 한 쉽게 이해할 수 있도록 구성했습니다. 이와 같은 구성은 단순히 사건을 '서술'하는 데 그치지 않고, 전문가의 해석과 판단이라는 맥락에서 결론에 이르는 과정을 체계적으로 습득할 수 있도록 도울 것입니다.

이 책의 32개 사례는 모두 실제 사건에 기반하되, 당사자 이해관계와 무관한 학술·교육 목적에서 정리했습니다. 제시된 견해는 당시 확보된 자료에 근거한 전문가 분석으로, 새로운 증거나 추가 조사에 따라 달라질 수 있습니다. 다만 본서의 분석 접근은 현장조사의 한계를 보완하고 수사·재판 과정에 실질적 영향을 미치는 것으로서 의미가 있습니다.

교통사고 영상분석은 단순한 공학적 해석을 넘어 융·복합적이고 창의적인 작업입니다. 물리학·공학적 지식, 영상 처리 기술, 교통법규 이해, 심리학적 요소까지 통합적으로 요구됩니다. 따라서 이 책은 실무자를 위한 결과보고서 모음집일 뿐만 아니라, 학문과 현장의 접점을 보여 주는 교재로서의 가치를 갖습니다.

이 책이 세상에 나오는 데에는 수많은 사연이 깃들어 있습니다. 지난 10여 년이라는 기간 동안 가장 첨예한 순간들을 담은 블랙박스, CCTV 영상과 사진 자료들을 하나하나 꺼내어 살펴보고 때로는 밤을 지새우며 원인을 분석하며 억울함이 깃든 목소리에 귀 기울이는 과정을 거쳤습니다. 이 책은 단순히 교통사고 영상분석 결과를 정리한 기록물일 뿐만 아니라, 수많은 사람들이 찾고 싶어 했던 숨겨진 진실을 밝혀내기 위한 치열한 사유의 결과입니다.

모쪼록 이 책을 접한 여러분이 교통사고를 단순히 안타깝고 불행한 사건으로만 바라보지 않고, 이를 통해 더 안전한 도로 환경, 더 고도화되고 정확한 분석 체계를 만들어 주시길 기대합니다. 이러한 소망을 담아 지금부터 32건의 교통사고 사례에 담긴 영상분석 기술을 소개합니다.

2025년 가을
교통사고분석가 유 력

목차

PART 3

속도, 정지거리 산출 분석 기술

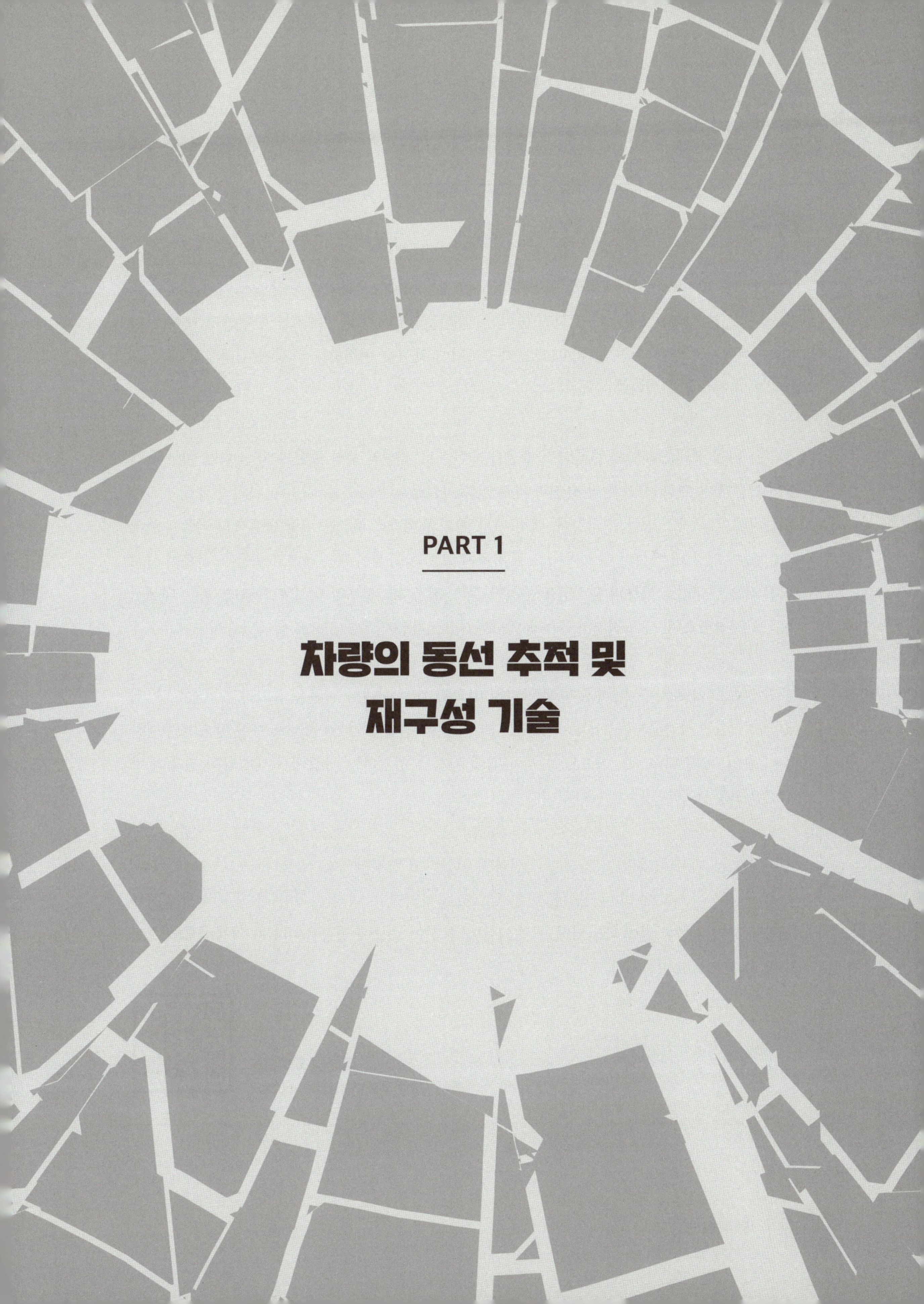
PART 1

차량의 동선 추적 및
재구성 기술

사례 요약

2019년 2월 18일 오전 6시 40분경 인천 부평구 부개동 부개뉴서울아파트 앞 도로에서 발생한 사고입니다. 본 사고는 2차로에서 직진 중이던 카고트럭(#2차량)과 3차로를 주행하던 택시(#1차량) 사이에서 발생한 측면 접촉 사고로, 카고트럭이 차선을 변경하는 과정에서 택시의 좌측 후방부와 충돌한 사고입니다.

분석을 위해 택시(1차량)의 블랙박스 영상을 기반으로 차량의 주행 동선과 차선 침범 여부를 검토하였습니다. 또한, 사고 현장 사진과 차로 실측 자료를 활용하여 각 차량의 위치 변화를 평가하였습니다. 블랙박스 영상 분석 결과, 택시(#1차량)의 블랙박스 렌즈는 차량 중심축의 좌측에 설치되어 있어 영상 내 차선이 다소 우측으로 치우쳐 보이는 특성이 확인되었고 이를 고려하여 사고 직전 각 시간대별로 차량의 움직임을 분석한 결과, 접촉 4초 전부터 택시(#1차량)는 차로 내에서 이동을 시작했으며, 사고 직전까지 누적 약 485.64mm가량 이동한 것으로 나타났습니다.

한편, 카고트럭(#2차량)은 사고 발생 전까지 비교적 차선 내에서 직진을 유지하고 있었으나, 접촉 직전 7.6초 시점에서는 2차로와 3차로 사이의 백색 점선을 약 60~90mm가량 밟으며 주행한 것이 확인되었습니다. 즉, 카고트럭(#2차량)이 차선을 변경하는 과정에서 택시와의 접촉이 발생했을 가능성이 큰 것으로 판단됩니다.

결론적으로, 택시(#1차량)가 차선을 침범하지 않았다고 단정할 수는 없으나, 카고트럭(#2차량)의 차선 변경이 사고에 더 큰 영향을 미친 것으로 분석되었고, 택시(#1차량)가 사고 직전 일정한 조향을 하며 이동한 점이 확인되어, 차량의 주행 동선이 충돌에 영향을 미쳤을 가능성도 배제할 수 없을 것으로 보았습니다.

교통사고 영상 원본
출처: 교통사고분석랩 블랩스 Youtube

▶ 발급 정보 및 제출처

발행번호	KTAC-2024-01-0019
발행일	2024. 8. 16.
발행기관	교통사고분석랩 블랩스
제출기관	인천○○법원

▶ 사고 개요

1. 사고 일시

2019년 2월 18일 06시 40분경

2. 사고 위치

인천 부평구 부개동 부개뉴서울아파트 앞

3. 사고 개요

인천 부평구 부개동 부개뉴서울아파트 앞 도로에서 중동IC 방면으로 2차로에 직진 중이던 카고트럭(#2차량, 인천81바 ○○○○)과 동일 방향으로 3차로로 직진하던 택시(#1차량, 인천30바 ○○○○) 측방 접촉 사고

▶ 분석 사항

1. #1차량의 주행 동선 분석
2. #2차량의 주행 동선 분석
3. #1차량의 차선 이탈 또는 차선 침범 여부 추정

▶ 교통사고사실확인원상 사고 경위

카고트럭(#2차량)이 2차로에서 3차로 차선을 넘으며 택시차량(#1차량)의 좌측 후방부 휀다와 도어부 접촉한 사고임.

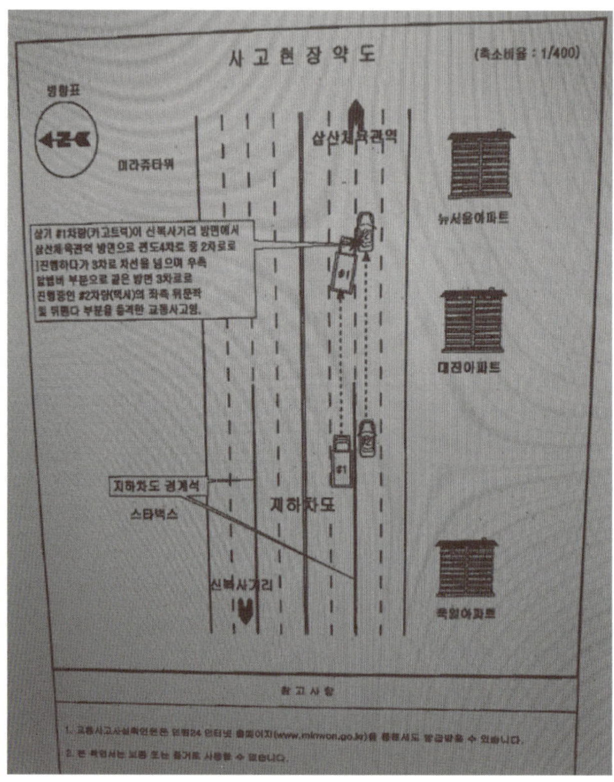

#1차량과 #2차량 간 사고 경위

▶ 분석 전 전제 조건

1. 조건1 : 아래 모든 시각은 #1차량 블랙박스 영상 재생 시간 기준임.

2. 조건2 : #1차량의 차로 폭은 실측 결과를 이용함. 2,850mm

#1차량 블랙박스 거치 위치

사고현장 차로 폭 실측

▶ 상세 분석 내용

1. #1차량 내 블랙박스 거치 위치 추정

#1차량의 블랙박스 거치 추정위치와 차량 대시보드 중심축

① #1차량은 상기와 같은 외관을 고려할 때, 2018년식 소나타 차량으로 추정됨(위 좌측 그림 참조).

② 블랙박스 영상에서 해당 차량의 대시보드 센터가 화면의 중심축 기준 우측에 있음을 확인할 수 있음(위 우측 그림 참조).

③ 차량이 차로 중심 종축으로 직진 주행하고 있었다고 하더라도 블랙박스가 차량의 중심에 설치되어 있었다면 차선이 화면 중심축을 기준으로 좌우 대칭으로 보임. 그렇지만 블랙박스가 차량 중심축에서 좌측에 거치되어 있다면 차선이 좌우 비대칭으로 영상에서 차선이 우측으로 치우쳐 보임.

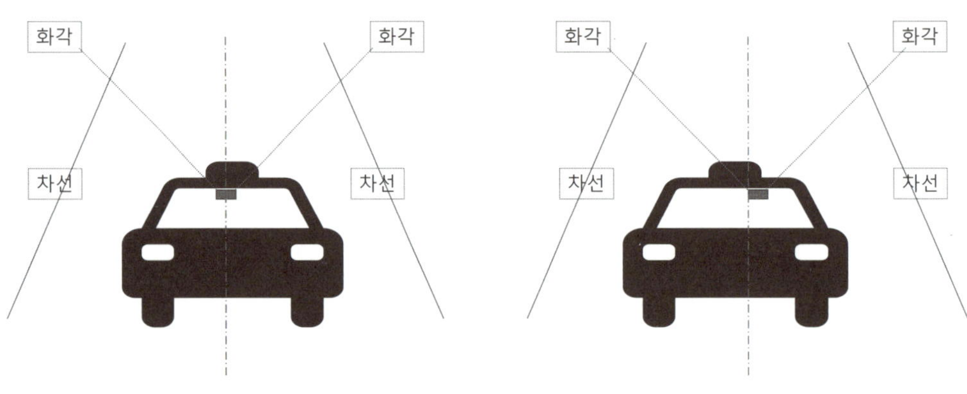

블랙박스 렌즈가 차로 중심 종축과 일치할 경우

블랙박스 렌즈가 차로 중심 종축의 우측에 있을 경우

블랙박스의 렌즈와 차량 중심축 간 비교

④ 따라서 #1차량의 대시보드 센터가 우측에 있고 영상에서 양측 차선이 화면상에서 모두 우측으로 다소 치우친 상태로 보이므로 블랙박스 렌즈는 차량의 중심축에서 좌측에 거치된 상태로 볼 수 있음.

⑤ 2018년식 소나타 차량의 대시보드 중심축은 아래 그림 빨간 박스 표시와 같음. 만약 블랙박스 렌즈가 대시보드 중심축과 일치한다면 화면의 중앙에 아래와 같은 중심축에 공조용 홀의 축과 일치해야 해야 하나 #1차량의 영상에서는 중심축의 좌측에 거치되어 공조용 홀이 화면 중심의 우측에 위치한 것으로 볼 수 있음.

2018년식 소나타 차량 대시보드

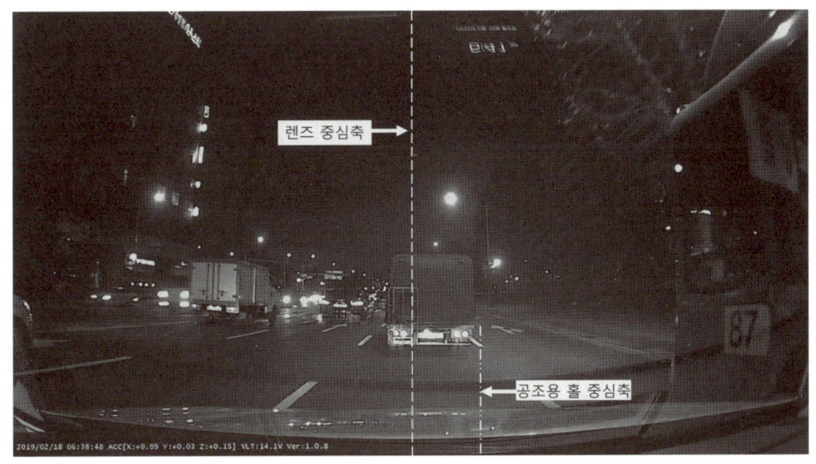

대시보드 중앙의 공조용 홀과 렌즈 중심축 간 비교

2. #1차량 주행 동선 분석

① (접촉 4초 전 - 영상 재생 시간 기준 3.6초) 양측 차선의 바깥끝선과 화면상 끝선과의 간격을 비교할 때 블랙박스 렌즈의 중심축은 차로의 중심축의 우측에 있었을 것으로 추정됨.

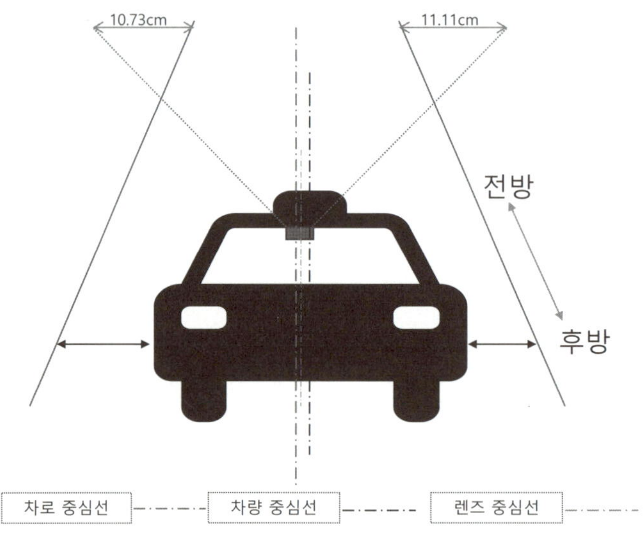

블랙박스 렌즈의 중심, 차량의 중심 및 차로 중심 간 비교

② (접촉 3초 전 - 영상 재생 시간 기준 4.6초) 양측 차선의 바깥끝선과 화면상 끝선과의 간격을 비교할 때 블랙박스 렌즈의 중심축이 차로의 중심축과 거의 일치했을 것으로 추정됨.

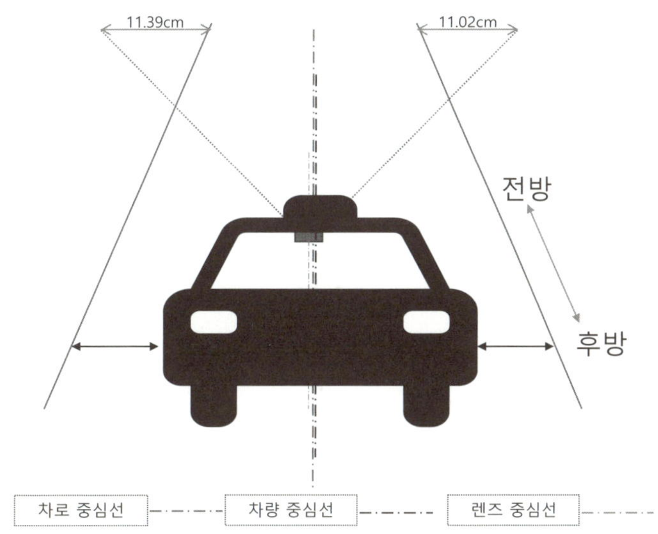

블랙박스 렌즈의 중심, 차량의 중심 및 차로 중심 간 비교

③ (접촉 2초 전 - 영상 재생 시간 기준 5.6초) 양측 차선의 바깥끝선과 화면상 끝선과의 간격을 비

교할 때 블랙박스 렌즈의 중심축이 차로 중심축의 좌측에 있었을 것으로 추정됨.

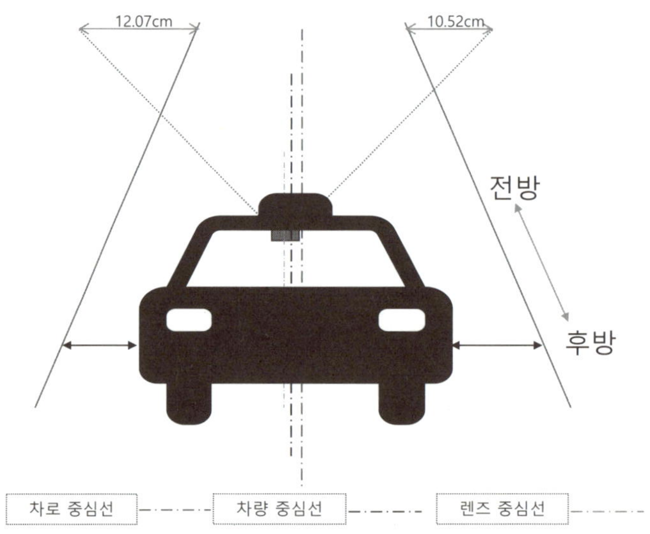

블랙박스 렌즈의 중심, 차량의 중심 및 차로 중심 간 비교

④ (접촉 1초 전 - 영상 재생 시간 기준 6.6초) 양측 차선의 바깥 끝선과 화면상 끝선과의 간격을 비교할 때 블랙박스 렌즈의 중심축이 1초 전보다 차로 중심축의 좌측으로 이동했을 것으로 추정됨.

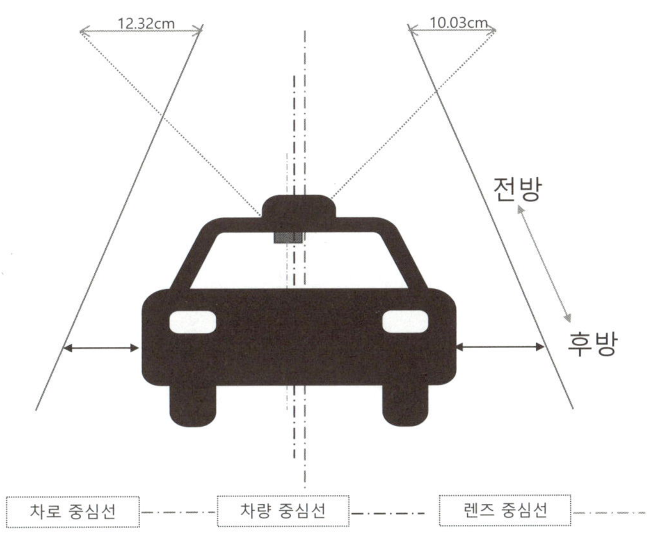

블랙박스 렌즈의 중심, 차량의 중심 및 차로 중심 간 비교

⑤ (접촉 직전 - 영상 재생 시간 기준 7.6초) 양측 차선의 바깥 끝선과 화면상 끝선과의 간격을 비교할 때 블랙박스 렌즈의 중심축이 1초 전보다 차로 중심축의 좌측으로 더 이동했을 것으로 추정됨.

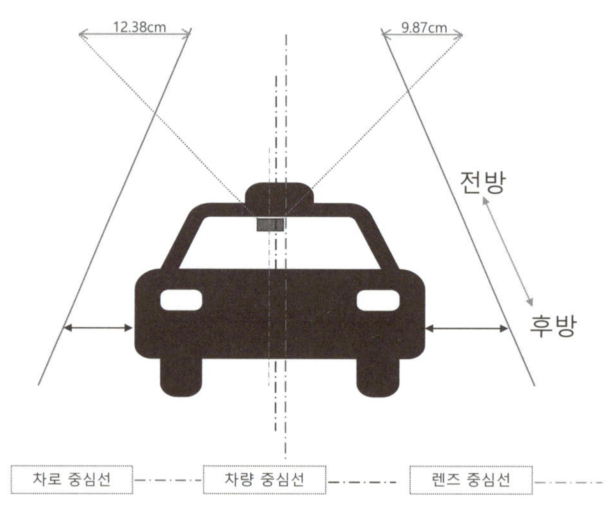

블랙박스 렌즈의 중심, 차량의 중심 및 차로 중심 간 비교

⑥ 한편, 차량 보닛(Bonnet) 끝선과 접하고 양측 차선의 내측 끝선(A)과 만나는 선과 대시보드 중심축의 임의의 한 점으로 만들어진 삼각형을 그려 픽셀 단위로 위치점을 추출한 후 차로 실측 길이(약 2,850mm)를 계산하여 픽셀당 거리(mm)로 환산하여 이동량을 추정하면 다음과 같음.

※ 실측한 차로 폭(2,850mm)과 4.6초부터 7.6초까지 각각 삼각형 장변(A)의 평균 픽셀 수(834 pixel, 소수점 셋째 자리 반올림)로 나눠 주면 1픽셀당 거리는 3.42mm임. 따라서, 구간별 이동거리를 계산하면 아래 표와 같고 3.6초부터 7.6초까지 4초간 누적 거리는 약 485.64mm로 추정됨.

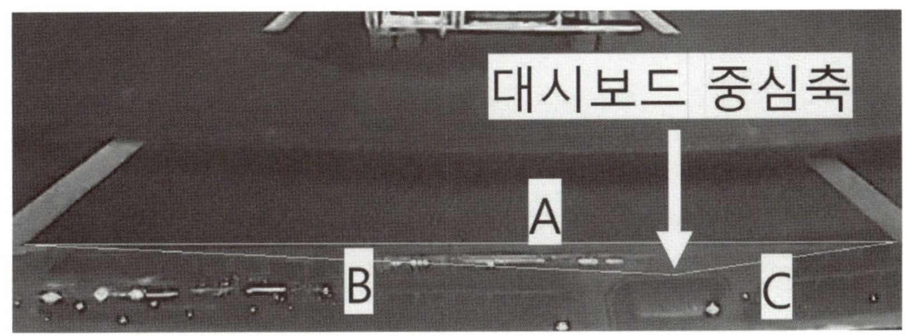

차량의 이동거리를 추정하기 위한 차로 실측거리와 픽셀 수 비교

구분	3.6초~4.6초	4.6초~5.6초	5.6초~6.6초	6.6초~7.6초	누적(3.6초~7.6초)
이동픽셀수	54	57	25	6	142
이동거리(mm)	184.68	194.94	85.5	20.52	485.64

3. #2차량 주행 동선 분석

① (접촉 4초 전 - 영상 재생 시간 기준 3.6초) #2차량이 2차로 내에서 정상 직진 주행 중임.

#1차량과 #2차량의 주행 상황

② (접촉 3초 전 - 영상 재생 시간 기준 4.6초) #2차량이 2차로 내에서 정상 직진 주행 중임.

#1차량과 #2차량의 주행 상황

③ #2차량 우측 후방 바퀴는 차선 끝선으로부터 약 150mm 간격을 두고 주행 중으로 확인됨.

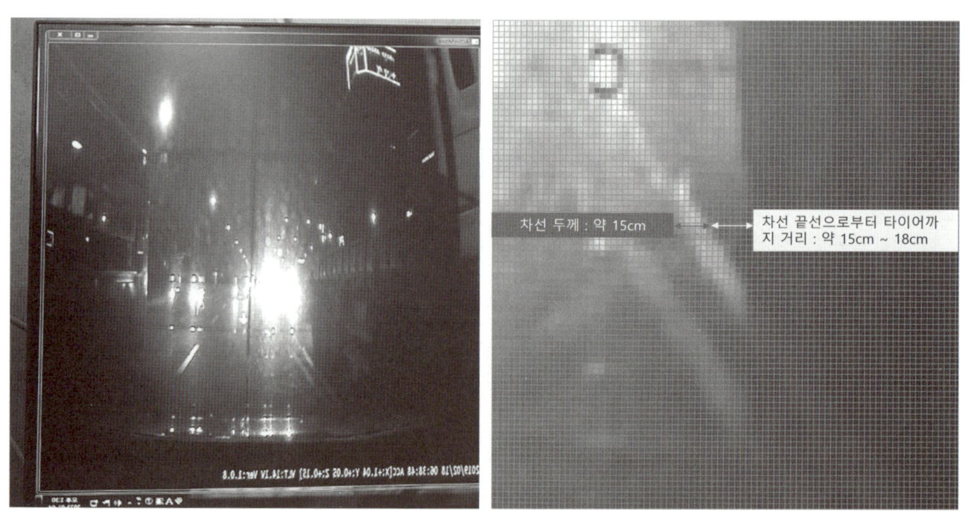

픽셀 수로 환산한 #2차량의 이동량

④ (접촉 2초 전 – 영상 재생 시간 기준 5.6초) #2차량이 2차로 내에서 정상 직진 주행 중임.

#1차량과 #2차량의 주행 상황

⑤ 1초 전과 큰 차이 없이 차선 끝선으로부터 약 120 ~ 150mm의 간격을 두고 주행 중으로 확인됨.

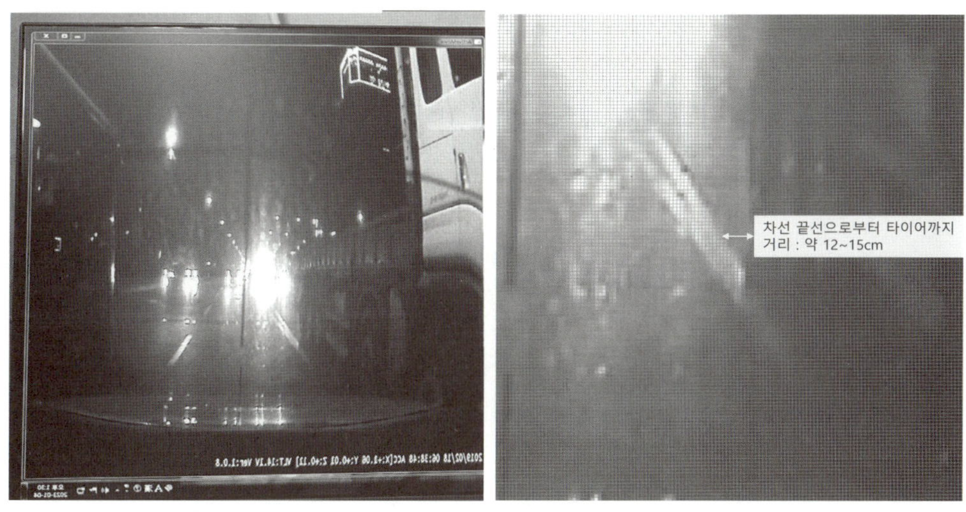

픽셀 수로 환산한 #2차량의 이동량

⑥ (접촉 1초 전 - 영상 재생 시간 기준 6.6초) #2차량이 2차로 내에서 정상 직진 주행 중임.

#1차량과 #2차량의 주행 상황

⑦ 1초 전과 동일한 수준으로 차선 끝선으로부터 약 120 ~ 150mm 간격을 두고 직진 중으로 확
인됨.

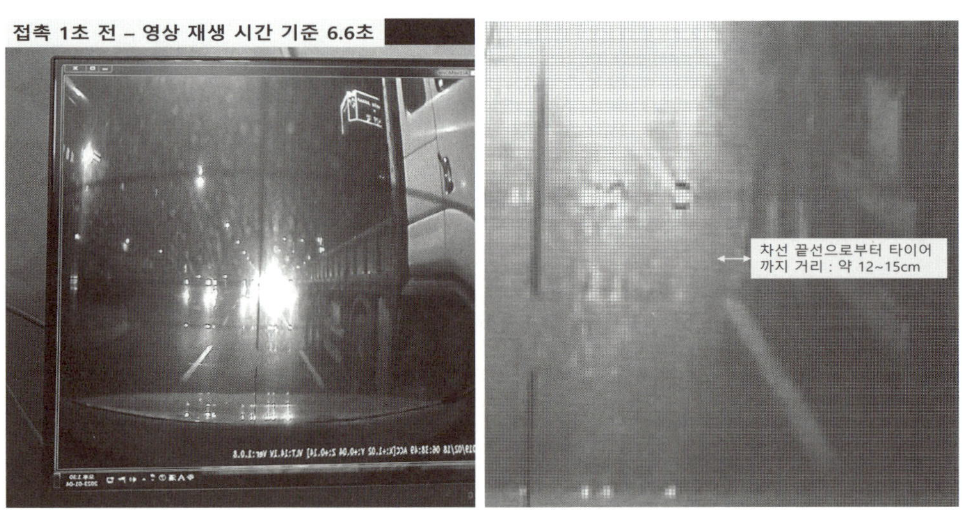

픽셀 수로 환산한 #2차량의 이동량

⑧ (접촉 직전 - 영상 재생 시간 기준 7.6초) #2차량이 2차로와 3차로 사이 백색 점선을 일부 밟은 상태로 주행 중임.

#1차량과 #2차량의 주행 상황

⑨ #2차량이 차선을 약 60 ~ 90mm가량 밟은 상태로 직진 중으로 확인됨.

픽셀 수로 환산한 #2차량의 이동량

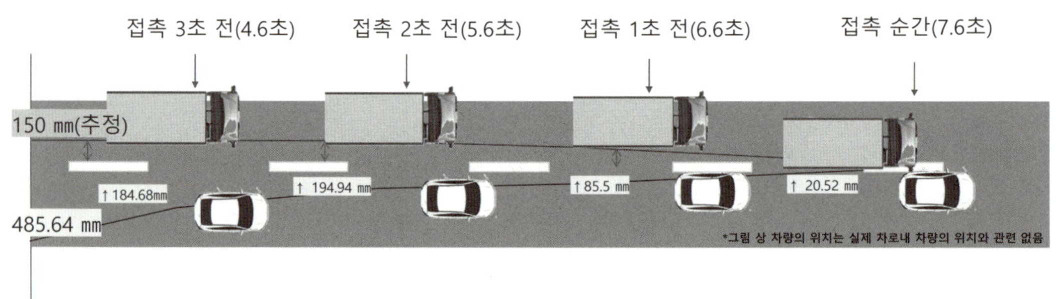

#1차량과 #2차량의 접촉 전 주행 동선

1. #1차량이 해당 차로 내 어느 위치에서 주행했는지 위치를 정확하게 특정할 수 없으나 #2차량이 차선을 밟은 상태로 주행 중에 접촉사고가 발생했다는 점을 함께 고려할 때 #1차량이 차선을 침범하지 않은 것으로 배제하기 어려움.

2. 한편 #2차량이 차선에 근접할 때까지 누적 이동량이 150mm ~ 180mm 정도인 반면 #1차량은 접촉 4초 전부터 접촉 직전까지 누적 약 485.64mm가량 이동한 것으로 미루어 볼 때, #1차량이 상대적으로 더 큰 핸들 조향을 했을 것으로 봄이 상당함.

블랩스
교통사고조사분석랩

사례 요약

2024년 2월 25일 오후 6시 18분경 경남 밀양시 상남면 예림리 예림사거리 교차로 내에서 발생한 사고로 두 차량이 동시에 교차로에 진입하여 좌회전을 시도하던 중 측면 접촉이 발생한 사고입니다.

프라이드 차량(#1차량)은 1차로에서 좌회전을 진행하였고, BMW iX3 차량(#2차량)은 2차로 유도선을 따라 좌회전을 하던 중이었습니다. CCTV 녹화 영상 분석 결과, 두 차량은 접촉 1.5초 전에는 모두 정지선을 통과한 상태였으며, 접촉 0.9초 전에는 이미 좌회전하며 교차로에 진입해 있었습니다. 실제 접촉 시점에는 정지선 통과 후 1.5초경에 양 차량이 측면으로 충돌한 모습이 확인되었습니다.

다른 방향의 CCTV 영상에서는 #2차량이 2차로 유도선을 따라 차선을 이탈하지 않고 안전하게 좌회전을 완료하는 반면, #1차량은 교차로 내 유도선에 매우 근접하여 진행하는 모습이 포착되었습니다. 또 다른 방향의 CCTV 영상에서는 차량 간 운전석 도어 부근에서 접촉이 시작된 후, #2차량이 안전 거리를 두고 좌회전을 완료하는 반면, #1차량은 여전히 유도선에 침범하며 진행하는 것으로 나타났습니다.

#1차량의 후방 블랙박스 영상에서는 충격이 감지된 시점(약 22.9초경)과 함께, 앞바퀴가 2차로 유도선을 접선 및 침범한 모습, 그리고 우측 전방의 휀더와 범퍼에 접촉 흔적이 남은 것을 확인할 수 있었습니다.

종합적으로 볼 때, #2차량은 정상적인 좌회전 절차를 밟은 반면, #1차량은 차선 이탈과 유도선 침범 등 부적절한 주행 행태로 인해 #2차량과의 측면 충돌이 발생한 것으로 결론지어집니다. 이러한 분석을 통해 사고의 주된 원인은 #1차량의 잘못된 주행으로 판단되었습니다.

교통사고 영상 원본
출처: 교통사고분석랩 블랩스 Youtube

▶ 발급 정보 및 제출처

발행번호	KTAC-2024-01-0012
발행일	2024. 3. 27.
발행기관	교통사고분석랩 블랩스
제출기관	○○ 보험회사

▶ 사고 개요

1. 사고 일시

2024년 2월 25일 18시 18분경

2. 사고 위치

경남 밀양시 상남면 예림리 예림사거리 교차로 내

3. 사고 개요

경남 밀양시 예림초등학교에서 마암터널 방면으로 편도 3차로 중 2차로에 좌회전하던 BMW iX3(#2차량, 03오 ○○○○)와 1차로에서 좌회전하던 프라이드(#1차량, 29두 ○○○○) 간 측방 접촉 사고

▶ 분석 사항

예림사거리 교차로 CCTV 녹화 영상 및 #2차량 블랙박스 녹화 영상의 시간별 주행 분석을 통한 사고 원인 분석

1. 교차로 CCTV 녹화 영상(#1)으로 시간별 차량 주행 분석

① (접촉 1.5초 전) #1차량과 #2차량 모두 동시에 정지선을 통과함.

정지선을 동시에 통과하는 #1차량과 #2차량

② (접촉 0.9초 전) #1차량, #2차량 모두 좌회전 진행 중이고 교차로 진입함.

정지선을 동시에 통과 후 나란히 좌회전하는 #1차량과 #2차량

③ (접촉 시점) 동시 정지선 통과 1.5초 후 #1차량과 #2차량이 측방 접촉함.

두 차량이 좌회전하는 중 접촉사고 발생 시점

2. 교차로 CCTV 녹화 영상(#2)으로 시간별 차량 주행 분석

① #2차량은 2차로 유도선을 따라 좌회전 진행 중이고 #1차량은 2차로 유도선에 매우 근접하여 좌
   회전 중임.

다른 방향 CCTV에 녹화된 양 차량 접촉 시점

3. 교차로 CCTV 녹화 영상(#3)으로 시간별 차량 주행 분석

① (접촉 시점) #2차량 최초 접촉 시작 부위를 볼 때 CCTV 영상 재생 시간 기준으로 2.43초경 #1차
량과 #2차량 운전석 도어부 접촉이 발생함.

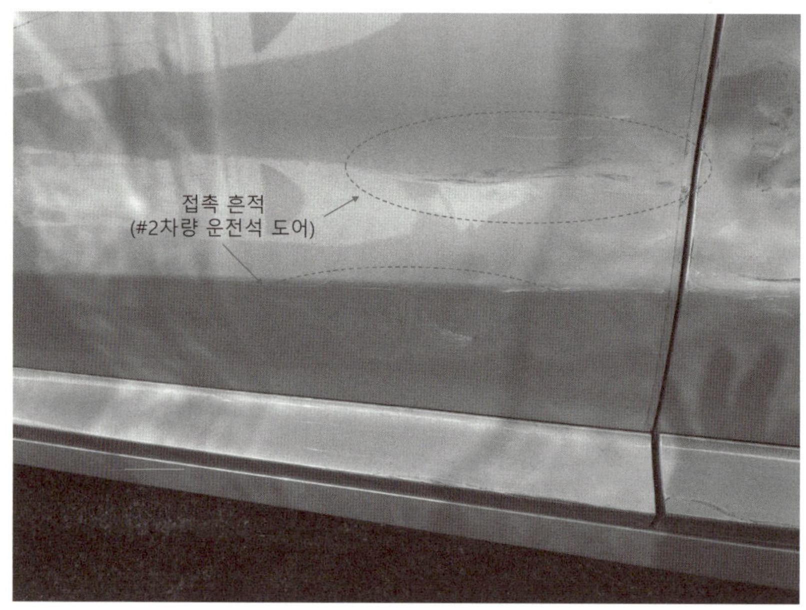

#2차량 운전석 도어부 손상 흔적 및 범위

좌회전 유도선 기준 두 차량 좌회전 동선

② (접촉 1.0초 후) #2차량이 #1차로 유도선과 상당한 간격을 띄우고 2차로 유도선에 근접 및 침범

하여 좌회전한 것으로 확인됨.

#1차량이 2차로 유도선을 침범하여 좌회전하는 모습

4. #1차량의 후방 블랙박스 녹화 영상 분석

① (충격 감지 시점) 약 22.9초경 #1차량의 충격이 확인됨.

#2차량 후방 블랙박스에 녹화된 #1차량 우측부

② 앞바퀴가 2차로 유도선을 접선 및 침범한 것으로 확인됨.

#1차량의 유도선 침범 확인

③ #1차량 접촉 흔적은 우측 전방 휀더 및 범퍼부로 확인됨.

#1차량 좌측부 손상 흔적 및 범위

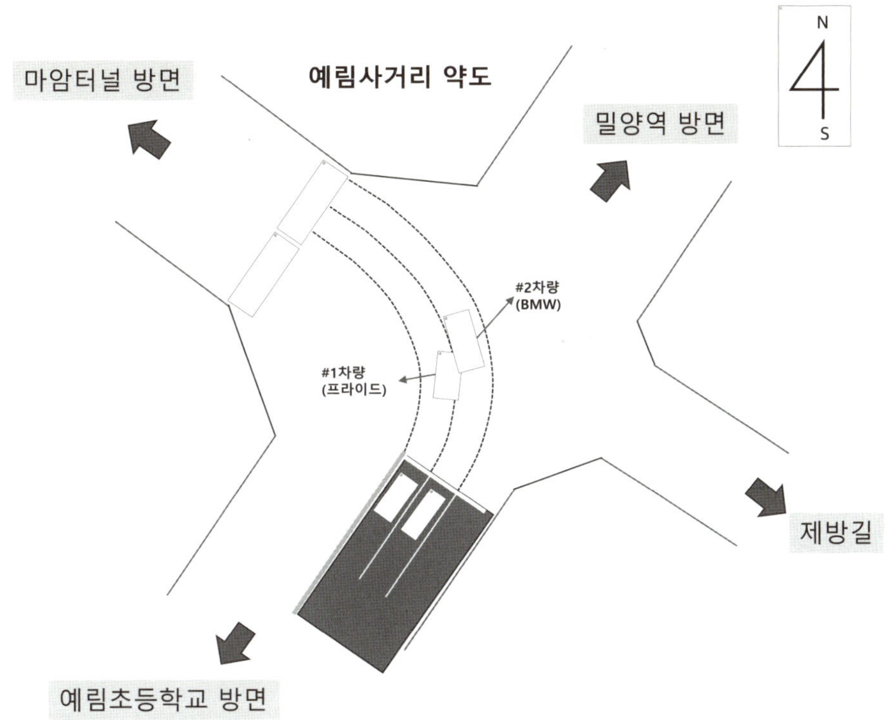

동시 좌회전 접촉사고 약도

1. #2차량은 좌회전 시 2차로 유도선을 따라 정상 좌회전하였으나 #1차량은 #2차량 좌측 후방에서 1차로 유도선과 간격을 띄운 상태로 2차로 유도선에 매우 근접 및 침범하여 좌회전한 것으로 보임(위 그림 참조).

2. #1차량의 전방 우측 휀더 및 범퍼부가 #2차량 운전석 및 운전석 후방 도어, 좌측 후방 휠, 좌측 후방 휀더 및 범퍼부에 접촉하여 발생한 것으로 봄이 상당함.

사례 요약

2023년 5월 16일 오후 7시 42분경 서울 강남구의 한 교차로에서 발생한 교통사고 사례입니다.

이 사고는 도곡동성당 방면으로 직진하던 오토바이(#1차량)와 숙명여자고등학교 방면으로 직진 주행 중이던 렉서스(#2차량) 사이에서 발생하였습니다.

양 차량의 충돌 전 주행 상태와 교차로 내 주행을 면밀하게 분석하기 위하여 블랙박스 영상분석 결과, #2차량은 약 21초에서 23.3초 사이에 일시정지 후 출발하여, 30.5초에 교차로 입구 기준선을 통과하기 시작한 것으로 확인되었습니다. #2차량의 전장 길이를 고려할 때 완전히 교차로에 진입한 시점은 약 32.2초로 추정되며, 전체적으로 교차로 내에서 약 5.2초 동안 머물렀고 평균 속도는 10km/h로 계산되었습니다.

반면, #1차량은 CCTV 영상 분석 결과 교차로 기준선에서 약 42m 뒤쪽에서 직진하고 있었으며, 6.5초경에 교차로에 진입하여 8.6초경 #2차량과 충돌이 발생하였습니다. 이 과정에서 #1차량의 평균 속도는 약 30km/h로 추정되었고 또한, #1차량 운전자는 충돌 발생 최소 2.5초 전부터 상대 차량을 인지할 수 있었음에도 불구하고 감속을 하거나 정지 의무를 이행하지 않은 것으로 분석되었습니다.

이러한 내용을 종합 검토한 결과 #2차량이 교차로에 약 3초 먼저 진입하였고 #1차량 운전자의 현저하게 늦은 반응이 사고 발생의 결정적 요인으로 작용한 것으로 결론지었습니다.

교통사고 영상 원본
출처: 교통사고분석랩 블랩스 Youtube

▶ 발급 정보 및 제출처

발행번호	KTAC-2023-01-0078
발행일	2023. 7. 21.
발행기관	교통사고분석랩 블랩스
제출기관	○○해상자동차보험사

▶ 사고 개요

1. 사고 일시

2023년 5월 16일 19시 42분경

2. 사고 위치

서울 강남구 언주로 30길 타워팰리스 1차 아파트 앞 교차로

3. 사고 개요

상기 교차로에서 도곡동성당 방면으로 직진하던 오토바이(서울서초 카○○○○, #1차량)와 타워팰리스 1차 아파트에서 숙명여자고등학교 방면으로 직진하던 렉서스(129로○○○○, #2차량) 간 충돌 사고

▶ 분석 사항

#2차량의 선진입 여부와 #1차량의 인지 및 식별 가능 시점과 지점 분석

1. #2차량 블랙박스 영상 분석

① (21.0초 ~ 23.3초 구간) #2차량이 일시정지 후 출발함.

일시정지 후 출발하는 #2차량

일시정지 후 출발하여 직진하는 #2차량

② (30.5초경) #2차량이 교차로 입구 기준선을 통과함.

교차로에 진입하는 #2차량

[참조] 교차로 입구 기준선 정의

#2차량 기준 교차로 입구는 횡단보도가 없는 도로이므로 연석선의 연장선을 교차로 입구 기준선으로 볼 수 있음.

교차로 입구 기준선

③ (35.7초경) #1차량이 #2차량 우측 도어부를 충돌함.

#1차량이 #2차량의 우측 도어부를 충돌하는 시점

④ (30.5초 ~ 35.7초 구간) #2차량 전장 길이가 약 5m임을 감안하면 차체가 완전히 교차로에 진입한 시점은 1.7초 후인 약 32.2초로 추정되어 #2차량이 교차로 내에 머문 시간은 적어도 3.5초로 추정됨.

⑤ #2차량이 교차로 입구 기준선 통과 직후부터 충돌 시점까지 주행시간은 약 5.2초이고 주행거리 15m로 추정되어 #2차량의 평균속도는 약 10km/h로 추정됨.

⑥ #2차량이 교차로에 머문 시간은 30.5초에 교차로 입구 기준선을 통과한 후 35.7초경 교차로 내에서 충돌이 발생한 것으로 추정되므로 약 5.2초 동안 교차로에 머문 것으로 추정됨.

2. 사고지점 인근 CCTV 영상 분석(○ CCTV 재생영상을 촬영한 영상이므로 프레임 딜레이가 있어 시간의 오차는 있을 수 있음)

① (3.6초경) #2차량은 교차로 입구 기준선(연석선 연장선)을 통과하여 교차로 진입을 시작하고 있는 것으로 추정되고, #1차량은 교차로 기준선(정지선)으로부터 후방 약 42m 떨어진 거리에 직진 주행 중으로 추정됨.

교차로로부터 후방에서 직진 중인 #1차량

② (6.5초경) #2차량은 교차로에 진입하여 서행 중이었고 #1차량은 교차로 기준선(정지선) 위치에 직진 주행 중이었음.

#1차량이 교차로에 진입하기 직전 시점

③ (8.6초경) #1차량이 #2차량 우측 도어부 충돌한 것으로 추정됨.

교차로에 진입하는 #2차량

④ (3.6초 ~ 8.6초 구간) #1차량이 교차로 입구 기준선(정지선)으로부터 후방 약 42m에 위치해 있었으므로 해당 구간 #1차량의 평균속도는 약 30km/h로 추정됨.

⑤ #1차량이 교차로에 머문 시간은 6.5초에 정지선을 통과한 후 8.6초경 교차로 내에서 충돌이 발생한 것으로 추정되므로 약 2초 동안 교차로에 머문 것으로 추정됨.

▶ 분석 결과 및 견해

1. (두 차량 평균속도) #2차량이 교차로 입구 기준선(연석선 연장선)을 통과하여 충돌지점까지 이동한 거리와 시간을 분석할 때, 해당 구간 평균속도는 약 10km/h로 추정됨. #1차량은 #2차량이 교차로 입구 기준선(정지선)을 통과한 시점에 약 42m 후방에 위치해 있었고 이 위치에서 충돌지점까지 이동거리와 이동시간을 고려할 때 해당 구간 평균속도 약 30km/h로 추정됨.

2. (#1차량의 #2차량 인지 가능 시점과 위치) #1차량 운전자가 교차로에 먼저 진입한 #2차량을 인지, 식별 가능했을 시점은 충돌 시점으로부터 적어도 약 2.5초 전으로 추정되며, 해당 시점에서 #1차량 위치는 교차로 입구 기준선(정지선)이었을 것으로 추정됨. 아울러, 해당 교차로는 신호

등 없는 교차로이므로 #1차량은 해당 정지선에서 일시정지 의무를 이행했어야 함.

3. (두 차량이 교차로에 머문 시간) CCTV 영상에서 #1차량은 6.5초에 교차로 입구 기준선(정지선) 통과 후 8.6초 충돌이 발생한 것을 보아 #1차량이 교차로에 머문 시간은 약 2.1초로 추정되고, #2차량 블랙박스 녹화 영상에서 #2차량은 30.5초에 교차로 입구 기준선(좌우 연석선 연장선) 통과 후 35.7초경 충돌이 발생하므로 약 5.2초로 추정되는 바, #2차량이 #1차량 대비 약 3.1초 더 오랜 시간 교차로에 머문 것으로 판단됨.

4. (교차로 입구 기준선 통과 선후 관계 및 선진입 여부) CCTV 영상에서 #2차량이 교차로 입구 기준선(연석선 연장선)을 통과한 시점은 3.5초경이고 #1차량이 교차로 입구 기준선(정지선)을 통과한 시점은 6.5초경으로 추정되어 #2차량이 #1차량보다 약 3초 먼저 교차로 입구 기준선을 통과한 것으로 확인되어, #2차량이 #1차량 대비 약 3초 먼저 진입한 것으로 추정되는 바, #2차량의 현저한 선진입으로 봄이 상당함.

사례 요약

2023년 9월 5일 오전 10시경, 경기도 화성시 여울로 4길 48 르노코리아자동차서비스센터 앞 교차로에서 SM3(#1차량)과 티볼리(#2차량) 간의 충돌 사고가 발생하였습니다.

사고 당시 #1차량은 고목정 사거리에서 SK뷰파크2차 아파트 방면으로, #2차량은 인곡1 저류지 체육공원에서 동탄1호 어린이공원 방면으로 각각 직진 중이었으며, 신호등이 없는 교차로에서 양 차량이 충돌하였습니다.

블랙박스 영상 분석 결과, #2차량은 사고 직전 평균 속도 약 10.8km/h로 서행하며 정지선을 통과하였고, 충돌 시점은 영상 기준 10.0초로 확인됩니다. 반면, #1차량은 충돌 직전 약 39 ~ 42km/h의 속도로 주행한 것으로 분석되며, 정지선 통과 시점은 약 8.8초경으로 추정됩니다.

해당 도로는 양측 모두 왕복 2차로이며, 도로 가장자리에 주차 차량이 있어 유효 차로 폭이 좁은 상태였으므로 대로와 소로를 명확히 구분하기 어렵고, 대등한 폭의 도로로 판단됩니다. 또한, 두 도로 모두 제한속도는 30km/h로 확인됩니다. 신호등이 없는 교차로에서의 통행 우선 원칙 상, 양측 도로의 폭이 동일하고 동시 진입한 경우에는 우측 도로 차량이 우선이나, 이는 서행 또는 일시정지 의무를 준수한 경우에 한하여 적용됩니다.

결과적으로 #2차량은 서행으로 교차로에 진입하였고, #1차량은 제한속도를 초과한 채 교차로에 진입하였으므로, #1차량의 현저한 과실로 사고를 발생된 것으로 결론 내린 사고입니다.

교통사고 영상 원본
출처: 교통사고분석랩 블랩스 Youtube

▶ 발급 정보 및 제출처

발행번호	KTAC-2023-01-0079
발행일	2023. 9. 8.
발행기관	교통사고분석랩 블랩스
제출기관	○○자동차손해보험사

▶ 사고 개요

1. 사고 일시

2023년 9월 5일 10시경

2. 사고 위치

경기 화성시 여울로 4길 48 르노코리아자동차서비스센터 앞 교차로

3. 사고 개요

상기 교차로에서 고목정 사거리에서 SK뷰파크2차 아파트 방면으로 직진하던 SM3(26더 ○○○○, #1차량)와 인곡1 저류지 체육공원에서 동탄1호 어린이공원 방면으로 직진하던 티볼리(06루 ○○○○, #2차량) 간 충돌 사고

▶ 분석 사항

#1차량의 주행속도와 충돌 원인 분석

▶ 분석 상세 내용

1. #2차량 블랙박스 영상 분석 : #2차량 속도 분석

① (5.4초 ~ 7.4초 구간) 이 구간 #2차량 평균속도는 약 14.4km/h 추정되고 약 5.4초경 정지선 통과

  하여 약 7.4초경 교차로 노면표지 시작점까지 서행함.

정지선 통과하여 교차로에 진입하는 #2차량

교차로에 진입하여 노면표지 시작점까지 진행하는 #2차량

② (7.4초 ~ 8.4초 구간) 이 구간 #2차량 순간속도는 약 10.8km/h 추정되고, 약 7.4초경 교차로 노면표지 시작점을 통과하며 약 8.4초경 교차로 노면표지 중앙 지점까지 서행함.

교차로에 진입하여 노면표지 시작점까지 진행하는 #2차량

교차로에 진입하여 노면표지 중앙까지 진행하는 #2차량

③ (10.0초경) #2차량 전방 범퍼와 #1차량 좌측 도어부가 충돌함.

#2차량과 #1차량 간 접촉사고 발생

2. #2차량 블랙박스 영상 분석 : #1차량 속도 분석

① (8.8초 ~ 10.0초 구간) 이 구간 #1차량 순간속도는 약 39km/h ~ 42km/h 추정되고 약 8.8초경 정
  지선 통과함.

#1차량이 정지선을 통과한 시점

② (10.0초경) #2차량 전방 범퍼와 #1차량 좌측 도어부가 충돌함.

#2차량과 #1차량 간 접촉사고 발생

▶ 분석 결과 및 견해

1. #1차량의 충돌 전 순간속도는 약 10.8km/h로 추정되고 #2차량은 약 39km/h ~ 42km/h의 속도로 추정됨. 덧붙여 충돌직전 약 1.5초 전 구간에는 약 10.8km/h 이하의 속도로 추정됨.

2. #1차량과 #2차량 주행한 도로는 양측 모두 왕복 2차로 도로이고 도로가장자리에 주차된 차량으로 인해서 유효폭이 좁은 상태임. 따라서 대로와 소로 구분하기 어려운 바 서로 대등한 폭의 도로로 봄이 상당함. 또한 해당 도로 모두 생활도로로 제한속도 30km/h로 확인됨.

3. 신호등 없는 교차로에서의 통행 우선순위상 대등한 폭의 도로에서 동시 진입 시 우측 도로의 차량이 우선이나 이는 신호등 없는 교차로에서 서행 또는 일시정지를 준수했을 때 우측 도로 차량에게 양보함을 의미함.

4. #2차량 블랙박스 영상을 분석한 결과 #2차량의 충돌 전 순간속도는 약 10km/h 내외로 서행 직진

중이었고, #1차량의 충돌 전 순간속도는 39km/h ~ 42km/h로 서행 직진 중으로 보기 어려운 바, #2차량은 서행준수하였고 #1차량은 (1) 신호등 없는 교차로에서 서행 또는 일시정지를 준수하지 않았고, (2) 해당 도로 제한속도인 30km/h 대비 현저한 속도를 초과한 것으로 봄이 상당함.

 블랙박스를 말하다

블랩스
교통사고조사분석랩

사례 요약

2020년 5월 23일 오전 9시 29분경, 경상남도 창원시 진해구 석동 돌리사거리 인근에서 스포티지(#1차량)와 진해여객 소속 노선버스(#2차량) 간에 측면 접촉사고가 발생하였습니다. 사고 지점은 돌리사거리에서 부산·거제 방향으로 약 30m 떨어진 왕복 다차로 도로 구간입니다. 당시 #1차량은 경남창원진해경찰서 방면에서 3호광장 사거리 쪽으로 4차로 직진 중이었고, #2차량은 5차로에서 선행 주행 중인 상황이었습니다.

블랙박스 영상 분석에 따르면, 38초경 #1차량은 #2차량의 좌측 후방에서 가속하여 접근하고 있었고, 41초경 두 차량이 나란히 주행하고 있던 것으로 보입니다. 이후 42.37초경에 #1차량이 #2차량의 전방으로 진입하며 급제동을 시작하였고, #2차량은 44.25초경에 제동을 마친 것으로 확인됩니다. 즉, #2차량의 제동 소요 시간은 약 1.88초로 추정됩니다.

이와 동시에 #2차량의 차로 유지 여부에 대해서도 분석이 이루어졌습니다. 37초부터 42초까지의 영상 프레임을 기준으로, 차선과 영상 끝선 사이의 간격에 큰 변화가 없었으며, 접촉 직후에도 #2차량의 차체는 차선에 나란히 위치해 있었습니다. 따라서 #2차량이 사고 직전 차로를 변경했을 가능성은 낮다고 판단됩니다.

결과적으로, 해당 사고는 #1차량이 좌측 후방에서 접근하여 무리하게 추월하거나 진로를 변경하는 과정에서 발생한 접촉사고로, #2차량은 차로를 벗어나지 않고 정상적으로 주행하고 있었던 것으로 결론 내린 사고입니다.

교통사고 영상 원본
출처: 교통사고분석랩 블랩스 Youtube

▶ 발급 정보 및 제출처

발행번호	KTAC-2024-01-0002
발행일	2024. 2. 16.
발행기관	교통사고분석랩 블랩스
제출기관	경남○○경찰서

▶ 사고 개요

1. 사고 일시

2020년 5월 23일 09시 29분경

2. 사고 위치

경남 창원시 진해구 석동 돌리사거리로부터 부산, 거제 방향 약 30m 지점

3. 사고 개요

경남창원진해경찰서 방면에서 3호광장 사거리 방면으로 4차로에서 직진하던 스포티지(#1차량, 34
다 ○○○○)와 5차로에서 선행 주행 중인 진해여객 노선버스(#2차량, 경남71자 ○○○○) 간 측방
접촉 사고

▶ 분석 사항

#2차량 블랙박스 녹화 영상 시간별 주행 분석

▶ 분석 상세 내용

1. #2차량 블랙박스 녹화 영상으로 시간별 차량 주행 분석

① (38초경) #1차량이 #2차량 좌측 후방에서 가속하여 주행 중임.

#2차량 블랙박스에 녹화된 #1차량

② (41초경) #1차량이 가속하여 #2차량 좌측에 나란히 주행함.

#2차량의 좌측에 나란히 주행 중인 #1차량

③ (42.37초경) #1차량이 #2차량 전방에 나타남과 동시에 #1차량 운전자가 제동을 시작함.

#2차량 앞으로 #1차량이 나타나 급제동하는 시점

④ (44.25초경) #2차량 제동이 종료됨.

#2차량이 급제동하자마자 승객들이 넘어짐

⑤ 접촉사고 후 #1차량과 #2차량의 상대적 위치

#1차량과 #2차량 접촉사고 직후 위치

2. #2차량 블랙박스 녹화 영상 분석을 통한 #2차량의 진로변경 여부

① 37초와 41초 시점에 차선과 영상 끝선과의 간격을 비교할 때 #2차량이 접촉사고 직전까지 진로
  변경을 했다고 보기 어려운 수준으로 봄이 상당함.

#2차량의 진로변경 여부 판별을 위한 차선과 영상끝선 간격 분석

#2차량의 진로변경 여부 판별을 위한 차선과 영상끝선 간격 분석

▶ 분석 결과 및 견해

1. 상기 1-① ~ 1-④에서 보는 바와 같이 #2차량이 제동을 시작한 시점은 42.37초이고 정지한 시점은 44.25초로 제동 후 정지할 때까지 소요된 시간은 약 1.88초로 확인됨.

2. 상기 2-①에서 보는 바와 같이 37초부터 42초까지 영상의 끝선과 차선 사이 간격의 현저한 변화가 없고 또 접촉사고 직후인 2-①에서 보듯이 #2차량 차체가 차선에 나란히 위치하고 있는 바, #2차량이 접촉사고 발생 직전까지 차로를 변경했다고 보기 어려움.

사례 요약

2022년 1월 8일 오후 6시 40분경, 경기도 구리시 토평동 토평삼거리 인근에서 SUV(셀토스, #2차량)와 승용차(K5, #1차량) 간 측면 충돌 사고가 발생하였습니다. 두 차량은 모두 토평IC 방면으로 직진 중이었으며, 사고는 차로 변경 중에 발생하였습니다.

#2차량은 사고 전 2차로에 진입하여 일정 시간 직진한 후, 2차로에서 3차로로 차로 변경을 시도하였습니다. 이 과정에서 #2차량의 전방 우측 휀더와 범퍼 부위가, #1차량의 좌측 후방 도어와 범퍼 부위와 충돌하였습니다. 블랙박스 영상 분석에 따르면, #2차량은 차로 변경 중 방향지시등을 점등하였으나, 이 시점에서 양 차량의 차간 거리는 약 5 ~ 7m로 매우 짧았습니다.

#1차량 또한 사고 발생 전 약 6초경부터 차로 변경을 시작하였으며, #2차량보다 먼저 차로 변경을 개시한 것으로 확인됩니다. 두 차량은 나란히 주행하던 중 약 0.6 ~ 0.9초 후에 충돌하였으며, 충돌 직전까지도 서로의 차로 변경이 완전히 종료되지 않은 상태였습니다. 블랙박스 영상에서 확인한 원근법 비교 결과, 양 차량 모두 여전히 차로 변경 중인 상태였던 것으로 분석됩니다.

결과적으로, 두 차량 모두 차로 변경 시 상대 차량과의 거리, 가시성 확보, 방향지시등 점등 시점, 야간 주행환경 등을 충분히 고려하지 못한 채 진로변경을 시도한 것으로 보입니다. 특히 #2차량은 안전 확인 없이 진로를 변경하였으며, #1차량은 어두운 색상의 #2차량의 방향지시등을 확인하지 못했을 가능성도 존재하나, 양측 모두 차로 변경 중이었으며, 특정 차량에 일방적인 과실을 단정하기 어려운 상황으로 판단됩니다. 따라서 각 운전자는 차로 변경 시 더 철저한 안전 확인과 충분한 간격 확보가 필요했으며, 상호 간 방어 운전의 원칙이 지켜지지 않아 사고가 발생한 것으로 분석됩니다.

교통사고 영상 원본
출처: 교통사고분석랩 블랩스 Youtube

▶ 발급 정보 및 제출처

발행번호	KTAC-2022-01-0002
발행일	2022. 1. 16.
발행기관	교통사고분석랩 블랩스
제출기관	○○손해보험사

▶ 사고 개요

1. 사고 일시

2022년 1월 8일 18시 40분경

2. 사고 위치

경기도 구리시 토평동 토평삼거리 부근

3. 사고 개요

상기 도로에서 토평IC 방면 직진 주행하던 SUV(셀토스, 180마○○○○, #2차량)와 동일 방면 승용차(K5, 105조○○○○, #1차량)의 차로변경 중 측방충돌 사고

▶ 분석 사항

#1차량, #2차량의 블랙박스 영상 분석을 통한 사고 원인 추정

▶ 분석 상세 내용

1. #2차량 주행 분석

① (0초 ~ 5초 구간) 사고지점 이전 2차로 진입하여 직진 중이었음.

직진 주행 중인 #2차량

② (5초 ~ 7초 구간) #2차량은 2차로 계속 직진 주행 중이었음.

직진 주행 중인 #2차량

 블랙박스를 말하다

③ (7초~9.4초 구간) 이 구간 #2차량은 2차로에서 3차로로 진로변경 중이었음.

차로를 변경하는 #2차량

④ (9.4초경) 이 시점에 #2차량 전방 우측 휀더부, 전방 범퍼 우측부와 #1차량 좌측 후방 도어부, 후방 범퍼 좌측부가 충돌함.

차로 변경 중 #1차량과 충돌하는 #2차량

충돌로 발생한 #2차량의 손상 흔적

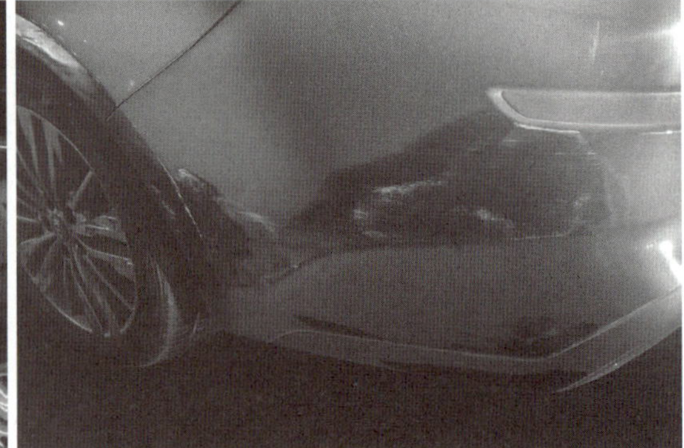

충돌로 발생한 #1차량의 손상 흔적

2. #1차량의 주행 분석

① (4.6초 ~ 8초 구간) #2차량이 4.6초경 2차로에 진입 종료한 후 약 3.4초 동안 2차로에서 직진 주행한 것으로 확인됨. 해당 구간 주행거리는 약 45m내외로 추정됨.

차로를 변경하는 #1차량

② (8초 ~ 10.1초 구간) 약 8초경부터 #2차량이 차로를 변경하기 시작하였음. 참고로 #1차량은 약 6초경부터 차로를 변경하기 시작함. 약 6초경 #1차량이 진로변경을 하는 시점에 #2차량과 차간 거리(#1차량의 앞범퍼와 #2차량 뒷범퍼 사이 거리)는 대략 10m 내외였을 것으로 추정됨.

차로를 변경하는 #1차량

③ (6.5초경) #2차량이 방향지시등을 점등하기 시작하였고, 이 시점에 #1차량은 #2차량 후방에 있었고 차간 거리는 대략 5 ~ 7m로 추정되며 #2차량의 우측 방향지시등 점등 여부 식별 가능했을 것으로 추정됨.

#2차량이 방향지시등을 점등하기 시작하는 시점

④ (9.5초경) #1차량과 #2차량이 나란히 주행 중이었을 것으로 추정되고, 이때부터 약 0.6초 후 측
   방 충돌함.

나란히 직진 중인 #1차량과 #2차량

⑤ #2차량 전방 영상에서는 8.5초경 #1차량과 나란히 주행했을 것으로 추정되고, 약 0.9초 후에 #1
   차량 도어부와 충돌한 것으로 확인됨.

나란히 직진 중인 #1차량과 #2차량

 블랙박스를 말하다

▶ 분석 결과 및 견해

1. (#2차량 블랙박스 녹화 영상 분석 결과) #2차량이 진로변경 후 약 2.4초가 지난 시점에 #1차량과 충돌이 일어났고, #1차량은 진로변경 시작 약 4.1초가 지난 시점에 충돌이 발생한 것으로 확인됨.

2. (#1차량 블랙박스 녹화 영상 분석 결과) #1차량이 진로변경 시작한 후부터 2초가 지난 시점에 #2차량이 진로변경을 시작한 것으로 확인되었고, #1차량이 4차로에서 3차로로 진로변경 시점에 #2차량의 위치는 #1차량 전방 2차로에 주행 중이었고 차간 거리는 대략 5 ~ 7m였을 것으로 추정됨.

3. #1차량, #2차량 모두 차로 변경을 종료했다고 보기는 어려움. 그 이유는 두 차량 블랙박스 영상 중 주행 중인 시점과 충돌 직전 시점 각각 영상을 캡쳐하여 원근법을 적용한 도해선을 비교해 보면 서로 일치하지 않으므로 양 차량 모두 차로변경 중이었다고 봄이 상당함.

#1차량의 차로 내 주행 중일 때(왼쪽 그림)와
충돌 직전(오른쪽 그림) 각각 원근법 도해선 비교(#1차량 전방 블박영상)

#2차량의 차로 내 주행 중일 때(왼쪽 그림)와
충돌 직전(오른쪽 그림) 각각 원근법 도해선 비교(#2차량 전방 블박영상)

4. #1차량 진로변경 중 약 5 ~ 7m 전방 주행 중인 #2차량의 진로변경이 식별 가능했을 것으로 조심스럽게 추정되나 사고 발생시간이 야간이고, #2차량의 외장색깔이 어두운 색상이며, #2차량 방향지시등도 차간 거리 5 ~ 7m일 때 점등된 점을 미루어 볼 때 #1차량 운전자의 #2차량 진로변경 식별 여부는 단정 지을 수 없음. 마찬가지로 #2차량은 진로변경 시 우측 후방 및 숄더 체크(Shoulder Check) 등을 통하여 충분한 안전을 확보한 후 진행했어야 하는 점 고려할 때 #1차량, #2차량 어느 일방측이 상대적으로 과실을 더 부담하거나 또는 어느 일방측이 안전한 운전 방법을 했다는 우열을 가리기에는 상당한 어려움이 있다고 봄.

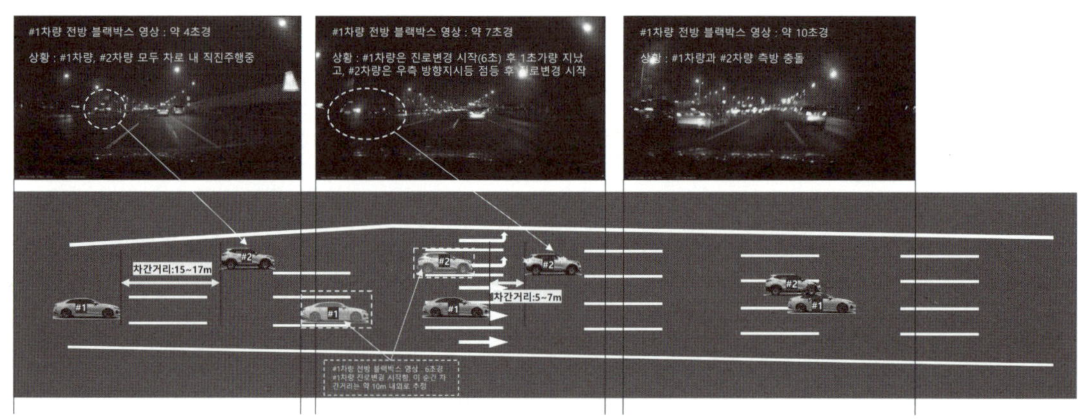

#1차량과 #2차량 충돌사고 전 위치 및 동선

블랩스
교통사고조사분석랩

사례 요약

2021년 12월 21일 오후 8시 32분경, 대구광역시 달서구 월배로 BHC 서부정류장점 인근 도로에서 동일 방향으로 직진하던 두 차량 간 발생한 측면 접촉 사고입니다.

사고 차량은 BMW 320i(#2차량)와 산타페(#1차량)입니다. 사고 당시 #2차량은 3차로에서 우측 4차로로 진로변경을 마친 뒤 직진 중이었으며, #1차량은 3차로에서 직진하면서 #2차량 좌측에 나란히 주행하던 중 접촉이 발생한 것으로 분석됩니다.

영상 및 사진 분석을 종합하면, #1차량은 진로변경 또는 조향 중 방향지시등을 켜지 않은 채 #2차량과 병행 주행을 하였으며, 조향 부주의로 인해 우측으로 이동하면서 #2차량과 접촉한 것으로 판단됩니다. 사고 당시 #2차량은 차로 변경을 완료한 상태에서 직진 중이었고, 조향을 좌측으로 돌렸다는 정황도 영상에서는 확인되지 않았습니다.

이로 인해 해당 사고는 #1차량의 조향 부주의 및 방향지시등 미점등에 기인한 것으로, #1차량의 단독 과실이 주요 원인이라고 판단됩니다. 특히 차로 변경 또는 방향 전환 시 사전 인지나 신호가 없었기 때문에, #2차량 운전자가 이를 예측하거나 회피하기 어려운 상황이었던 것으로 결론을 내렸습니다.

교통사고 영상 원본
출처: 교통사고분석랩 블랩스 Youtube

▶ 발급 정보 및 제출처

발행번호	KTAC-2021-01-0022
발행일	2021. 12. 27.
발행기관	교통사고분석랩 블랩스
제출기관	○○손해보험사

▶ 사고 개요

1. 사고 일시

2021년 12월 21일 20시 32분경

2. 사고 위치

대구광역시 달서구 월배로 BHC 서부정류장점 앞

3. 사고 개요

상기 도로에서 송현역 방면 직진 주행하던 승용차(BMW320i, 14수○○○○, #2차량)와 동일 방면 주행하던 SUV(산타페, 46노○○○○, #1차량) 간 측방 접촉 사고

▶ 분석 사항

#1차량과 #2차량의 주행 중 위치 분석 및 사고의 원인 추정

1. #1차량과 #2차량의 주행 분석

① (2초경) #1차량이 #2차량 전방 동일한 3차로에 직진 주행 중이었음. 이 시점에 #1차량과 #2차량 사이 떨어진 거리는 약 10 ~ 12m로 추정됨.

직진 주행 중인 #2차량

② (4초경) #2차량이 우측 4차로로 진로를 변경하기 시작함. 이 시점에 #1차량과 #2차량 사이 떨어진 거리는 약 6 ~ 7m로 추정됨.

차로를 변경하는 #2차량

③ (6.3초경) #2차량이 진로를 변경한 후 #1차량의 우측으로 직진 주행함. 이 시점에 #1차량과 #2차량 사이 떨어진 거리는 약 1 ~ 2m 내외로 추정되고, #1차량에 방향지시등 미점등으로 확인됨.

직진 주행 중인 #2차량

④ (9초경) #1차량이 블랙박스에서 사라진 것으로 보아 3차로에 직진하고 있었을 것으로 추정되며 #2차량은 4차로에서 직진 주행 중임. 이 시점 #1차량의 위치는 #2차량과 좌측에 나란히 있었을 것으로 추정됨.

#2차량의 좌측에 나란히 주행하는 #1차량

⑤ (10초 ~ 11초 구간) #1차량 우측부가 #2차량 좌측부에 닿았을 것으로 추정됨. #2차량 접촉 부위
는 운전석 도어부로 확인되고, #1차량 접촉 부위는 우측 앞바퀴 부근으로 확인됨.

#1차량 손상 흔적(좌)과 #2차량 손상 흔적(우)

접촉사고 발생 직후 #1차량 위치

⑥ (11.5초경) #1차량의 우측 앞바퀴 및 휀더부가 3차로와 4차로 구분 차선을 일부 침범한 것으로 확인됨.

접촉사고 발생 직후 #1차량 위치

▶ 분석 결과

1. 양 차량 접촉 부위로 미루어 볼 때 4차로 주행하던 #2차량과 3차로에 주행하던 #1차량이 동일 방향으로 나란히 주행 중 #1차량의 오른쪽 앞 타이어가 #2차량 운전석 도어에 접촉하여 발생한 사고로 보임.

2. #1차량과 #2차량 접촉 직후 영상에서 확인한 결과 #1차량의 방향지시등은 미점등 상태인 것으로 확인됨.

3. 접촉시점에 #1차량이 3차로와 4차로 구분 차선을 일부 침범한 것으로 확인됨.

4. #2차량이 #1차량에 근접하는 방향, 즉 좌측방으로 조향장치(핸들)를 조작하였을 것으로 볼 만한 점은 영상에서 확인되지 않음.

▶ 분석 견해

1. 상기와 같이 영상 분석한 결과 #1차량이 #2차량의 좌측에 나란히 주행하던 중 우측으로 꺾이는 도로에서 #1차량 우측 전방 타이어가 #2차량의 운전석 도어부에 접촉하여 발생한 사고로 봄이 상당함. 그 이유는 #1차량이 #2차량에 근접하였을 것으로 보이는 점, #2차량이 주행 중 별다른 부주의나 소홀한 사유를 찾기 어려운 점, #2차량이 #1차량 가까이 핸들을 조향하였다고 볼 부분도 찾기 어려운 점 때문임.

2. 또한 #2차량이 차로를 변경한 이후 약 5 ~ 6초 후 접촉이 발생한 점을 볼 때 #2차량이 차로 변경을 종료한 후 직진 주행하고 있는 상태에서 #1차량의 근접으로 발생한 것으로 봄이 상당하며 #1차량과 #2차량이 부딪힌 직후 #1차량이 정차한 위치를 볼 때 #1차량 우측 앞바퀴부가 3차로와 4차로 구분 차선을 일부 침범하였던 부분도 확인되고 있어 상기와 같이 사고는 #1차량 일방에 있다고 봄이 상당함.

3. #1차량이 방향지시등 점등도 확인되지 않고 #2차량 좌측에 나란히 주행하고 있었기 때문에 #2차량 운전자가 #1차량의 진로변경을 예상하기도 어려웠을 것으로 보일 뿐만 아니라 #1차량의 방향 조향을 사전에 충분히 인지하거나 식별하기 어려웠다고 보이는 점도 본 사고가 #1차량 일방측의 진로변경 또는 조향장치(핸들) 조작 부주의를 원인으로 하여 발생한 접촉 사고로 보는 근거임.

블랩스
교통사고조사분석랩

사례 요약

2021년 12월 6일 오후 4시 44분경, 경기도 화성시 향남읍 발안양감로 하길지하차도 내에서 발생한 교통사고는 세 대의 차량이 관련된 복합적인 충돌사고입니다. 사고에 관여된 차량은 1차로를 직진 중이던 BMW 328i(#1차량), 2차로 직진 중이던 건설기계 차량(#2차량), 그리고 2차로에서 1차로로 진로를 변경한 그랜저(#3차량)입니다.

블랙박스 영상 분석 결과, #1차량은 사고 시점 직전 약 144km/h의 속도로 주행하였으며, 이는 지하차도 내 제한속도인 60km/h를 현저히 초과한 과속 주행으로 판단됩니다. 약 0.5초경 #3차량은 방향지시등을 켜고 백색 실선을 넘어 1차로로 진입을 시도하였고, 이때 두 차량의 거리는 약 50m로 추정됩니다. 약 1.4초경에는 #1차량이 급히 2차로로 진로를 변경하기 시작하였고, 이 시점에서 #3차량과의 거리는 약 30m로 줄어듭니다.

이후 약 1.87초부터 3.62초까지 #1차량은 속도를 102.8km/h 수준으로 낮췄으며, 4.04초경 2차로에서 직진 중이던 #2차량의 후미를 추돌하였습니다. 동시에 #3차량의 후미 제동등이 점등된 것이 확인되어, 후방 추돌사고 인지 가능성이 있는 정황이 포착되었습니다.

결론적으로, 본 사고의 직접적인 원인은 #3차량의 부주의한 진로변경에 있다고 판단되며, 그로 인해 #1차량이 긴급한 회피를 시도하다 #2차량과 충돌하게 된 연쇄적 사고로 해석됩니다. #3차량은 차로 변경 금지 구역에서 후방 차량의 위치를 정확히 확인하지 않은 채 진로를 변경한 점에서 주의 의무를 다하지 않았던 것으로 판단됩니다.

교통사고 영상 원본
출처: 교통사고분석랩 블랩스 Youtube

▶ 발급 정보 및 제출처

발행번호	KTAC-2021-01-0021
발행일	2021. 12. 15.
발행기관	교통사고분석랩 블랩스
제출기관	○○경찰청

▶ 사고 개요

1. 사고 일시

2021년 12월 6일 16시 44분경

2. 사고 위치

경기도 화성시 향남읍 발안양감로 하길지하차도 내

3. 사고 개요

상기 지하차도 내에서 발안 IC 방면 1차로 직진 주행하던 승용차(BMW328i, #1차량)와 동일 방면 2차로 주행 중인 승용차(그랜저, #3차량)의 진로변경으로 인해 2차로로 변경하여 직진 중 2차로 직진 주행 중인 건설기계(#2차량) 간 후미추돌 사고

▶ 분석 사항

#1차량의 구간별 추정 속도, #3차량과 떨어진 거리 및 사고 원인 분석

▶ 분석 상세 내용

1. #1차량의 구간별 추정 속도 및 #3차량의 주행 분석

① (0.62초 ~ 1.87초 구간) #1차량이 1차로 직진 주행 중이었고 이 구간 주행속도는 약 144km/h(40m/s)로 추정됨. 이 시점보다 약 0.1초 전인 약 0.5초경 #3차량은 후미 제동등이 점등된 상태에서 좌측 방향지시등을 점등하였고 점등 직후 백색실선을 넘어 2차로에서 1차로로 진로를

변경하기 시작함. 0.62초경 #3차량의 후미 제동등은 꺼진 것으로 확인되고 이 시점에 #1차량과 #3차량 사이 떨어진 거리는 약 50m로 추정됨.

터널 내 직진 주행 중인 #1차량

또한 약 1.4초 ~ 1.5초경 #3차량의 차체의 반가량 백색실선을 넘어선 것으로 확인되고, 이 시점에 #1차량은 진로를 2차로로 변경하기 시작함. 이 시점에 #3차량과 #1차량이 떨어진 거리는 약 30m 내외로 추정됨.

백색실선을 침범하여 차로변경 #3차량

 블랙박스를 말하다

② (1.87초 ~ 3.62초 구간) 이 구간에서 #1차량의 주행속도는 약 102.8km/h(28.6m/s)로 추정됨. 약 1.87초경 #1차량과 #2차량 간 떨어진 거리는 약 50m 내외로 추정되고, #1차량과 #3차량 간 떨어진 거리는 약 20 ~ 25m로 추정됨.

백색실선을 침범하여 차로변경하는 #3차량

③ (3.62초 ~ 5.6초 구간) 약 4.04초경 #1차량이 2차로 주행 중이던 #2차량의 후미를 추돌하였음. 이후 약 4.7 ~ 5.4초 동안 후미 제동등이 점등된 상태로 #3차량의 후미가 확인됨.

#1차량이 #2차량 후미를 추돌하는 순간

▶ 분석 결과

1. 1-①, 1-②에서 보는 바와 같이 #1차량은 시속 100km/h(최고 144km/h)를 초과하는 과속 주행을 한 것으로 상당하게 추정됨. 참고로 지하차도 내 제한속도는 60km/h임.

2. #3차량이 지하차도 내 백색실선을 넘어 1차로로 진로변경을 한 것으로 확인되고, 방향지시등을 점등한 직후 변경한 것으로 확인됨. 참고로 지하차도 내 백색실선 구간에서는 진로변경이 금지되어 있고, 일반도로에서 진로변경 시 30m 이전부터 방향지시등을 점등한 후 변경하는 것이 도로교통법에서 정하고 있는 진로변경 방법임.

3. 1-③에서 보는 바와 같이 #1차량이 #2차량의 후미 추돌한 직후 #3차량의 후미 제동등이 점등된 사실이 확인되는데, 이는 후방에서 추돌사고가 발생한 것을 #3차량 운전자가 인지했을 것으로 조심스럽게 추정됨.

▶ 분석 견해

1. 상기 분석 결과에서 서술한 바와 같이 #3차량이 지하차도 내에서 차로 변경이 금지되고 있음에도(특히 백색실선을 넘어) 진로를 변경한 점, 또 방향지시등을 점등한 직후에 진로변경을 한 점이 확인되는데, 이는 #3차량이 2차로에서 1차로로 차로를 변경하면서 좌측후방 1차로의 상황을 충분히 살피고 진로변경 방법에 따라 안전에 유의하여 진로를 변경하여야 했으나 이 부분에 소홀했다고 볼 만한 사정이 있다고 봄이 상당함.

2. 이러한 사항을 종합하여 고려할 때 #3차량의 진로변경을 원인으로 하여 야기된 #1차량과 #2차량 간 추돌사고로 봄이 상당함.

사례 요약

2021년 8월 27일 오전 9시 40분경, 서울시 관악구 난곡로 66 소재 신림푸르지오 2차 아파트 단지 내에서 SUV(쏘렌토, #1차량)와 승용차(벤츠 GLC 220d, #2차량) 간 좌전방 충돌사고가 발생하였습니다.

블랙박스 영상 및 차량 파손 부위, 현장 사진 분석에 따르면 #1차량은 단지 내 도로의 중앙선을 침범한 채 내려오고 있었고, 반면 #2차량은 오르막 초입부에서 정상 직진 중이었습니다. 충돌 직전 #2차량은 우측으로 조향하였으며, 이는 충돌을 피하기 위한 회피 행위로 해석됩니다.

양 차량의 추정 속도는 각각 #1차량 약 25km/h, #2차량 약 20km/h로, 속도 자체보다는 조향 경로와 주행 위치가 충돌의 핵심 원인이었습니다. 특히 #1차량은 충돌 1초 전에도 #2차량을 충분히 인지할 수 있는 시야에 있었던 것으로 추정되며, 그럼에도 불구하고 피하지 않고 중앙선 침범 상태로 주행을 지속함으로써 충돌을 야기한 것으로 판단됩니다.

결론적으로, 해당 사고는 단지 내 도로에서 중앙선을 침범한 #1차량의 일방 과실로 인한 것으로, #2차량은 방어 운전을 하였으나 상대 차량의 부주의로 인해 충돌을 피할 수 없었던 상황으로 판단됩니다.

교통사고 영상 원본
출처: 교통사고분석랩 블랩스 Youtube

▶ 발급 정보 및 제출처

발행번호	KTAC-2021-01-0018
발행일	2021. 8. 31.
발행기관	교통사고분석랩 블랩스
제출기관	○○손해보험사

▶ 사고 개요

1. 사고 일시

2021년 8월 27일 09시 40분경

2. 사고 위치

서울 관악구 난곡로 66 신림푸르지오 2차 아파트 ○○○동 앞

3. 사고 개요

상기 아파트 단지 내 굽어 있는 경사로에서 SUV(#1차량, 쏘렌토, 62러 ○○○○)와 맞은편 도로에서 주행하던 승용차량(#2차량, 벤츠 GLC 220d, 58저 ○○○○) 간 좌전방 충돌 사고

▶ 분석 사항

#2차량 블랙박스에 녹화된 영상의 시각별 차량 움직임, 사고 현장 사진, 차량 손상부 사진 등 자료 분석을 통한 본 사고의 원인 분석

▶ 분석 상세 내용

1. 블랙박스 녹화 영상 분석

① (4.3초경) #2차량이 지하 주차장을 나오기 시작함.

지하 주차장 출구를 지나는 #2차량

② (7.3초경) #2차량이 우회전하여 단지 내 오르막 도로 진입 시작함.

지하 주차장 출구 우측 오르막 차로로 진입하는 #2차량

③ (8초경) 영상에 #1차량이 나타나기 시작함.

#2차량 전방 맞은편에 보이는 #1차량

④ (9초경) #1차량이 단지 내 도로 중앙선 넘어 맞은편 #2차량 전방으로 근접함.

지하 주차장 출구를 지나는 #2차량

⑤ (9.5초경) #1차량이 #2차량 전방으로 계속 근접함.

#2차량 전방으로 근접하는 #1차량

⑥ (10초경) #1차량 앞 범퍼 좌측부와 #2차량 앞 범퍼 좌측부 간 충돌함.

#2차량 전방부를 충격하는 #1차량

 블랙박스를 말하다

⑦ #1차량 앞 범퍼 좌측부에 손상흔이 발생함.

충돌 사고로 발생한 #1차량 손상 흔적

⑧ #2차량 앞 범퍼 좌측부에 손상흔이 발생함.

충돌 사고로 발생한 #2차량 손상 흔적

2. 사고 현장 사진 분석

① 충돌 후 #2차량 위치 : 단지 내 도로 오르막 초입에서 정지 상태

② 충돌 후 #2차량 타이어 방향 : 전방 기준 우측방으로 조향 확인

충돌 사고 직후 #1차량 정지 상태

3. 차량 속도 분석

① #1차량 추정 속도 : 약 25 km/h 내외

② #2차량 추정 속도 : 약 20 km/h 내외

▶ **분석 결과 및 견해**

1. 상기 분석 내용 1-④, 1-⑤에서 볼 때 #1차량이 단지 내 도로 중앙선을 침범하여 주행한 것으로
   확인됨.

2. 상기 분석 내용 1-⑤, 1-⑥, 2-②에서 볼 때 약 9.2 ~ 10.2초 사이 #2차량 운전자가 핸들을 #2차량
   전방 기준 우측방으로 조향한 것으로 확인됨.

3. 상기 분석 내용 1-④, 1-⑤, 1-⑥에서 볼 때 충돌하기 약 1초 전 #1차량 운전자의 시야 범위 내에 #2차량이 있었을 것으로 추정됨.

4. 상기 충돌 사고는 #1차량이 단지 내 도로의 중앙선을 침범하여 주행한 것으로 확인되고 #1차량 운전자는 #2차량을 충분히 인지 가능했을 것으로 추정됨에도 불구하고 충돌을 야기한 #1차량 일방의 과실로 인하여 발생하였다고 봄이 상당함.

사례 요약

2021년 1월 25일 오후 8시 34분경, 경상남도 김해시 외동 신세계백화점 인근 T자형 교차로에서 선행 차량(#1차량)와 후행 차량(#2차량) 사이에 측방 충돌사고가 발생하였습니다. 사고는 야간에 발생했으며, 당시 날씨는 맑고 가시 조건도 양호한 상태였습니다. 사고 현장은 왕복 5차로에서 교차로를 지나 왕복 4차로로 줄어드는 구조의 직선 도로이며, 특별한 신호기나 노면표지는 확인되지 않았습니다.

운전자의 진술에 따르면, #1차량은 약 5초경 방향지시등을 점등하였으며, #2차량의 점등 여부는 명확히 확인되지 않았습니다.

영상 분석 결과, 두 차량 모두 교차로 내에서 진로변경을 시도하였으며, #2차량이 약 1 ~ 2초 먼저 진로를 변경하였고, 직후 #1차량이 진로를 바꾸던 중 충돌이 발생한 것으로 보입니다. 진로변경 시점의 시간차가 크지 않고, 두 차량 모두 교차로 내에서 동시에 차로를 변경한 것으로 판단되어 쌍방이 동일한 과실 비율을 부담할 가능성이 높은 사고로 분석됩니다.

결과적으로, 해당 사고는 교차로 내 진로변경 과정에서 양측 모두 주의를 기울이지 않은 점이 원인으로 작용한 측면충돌로 판단되며, 쌍방 과실이 인정될 수 있는 사고로 결론 내렸습니다.

교통사고 영상 원본
출처: 교통사고분석랩 블랩스 Youtube

▶ 발급 정보 및 제출처

발행번호	KTAC-2021-01-0015
발행일	2021. 4. 27.
발행기관	교통사고분석랩 블랩스
제출기관	○○손해보험사

▶ 사고 개요

1. 사고 일시

2021년 1월 25일 20시 34분경

2. 사고 지점

경남 김해시 외동 신세계백화점 인근

3. 사고 발생 개요

상기 사고는 2021년 1월 25일 오후 8시 34분경 경남 김해시 외동 신세계백화점 인근 T자형 교차로 내에서 발생한 양측방 충돌 사고

▶ 분석 사항

상기 사고지점 T자 교차로에서 선행 차량(25우○○○○, 이하 #1차량)과 후행 차량(63버○○○○, 이하 #2차량) 간 측방 충돌 사고의 원인 파악을 위한 #1차량 블랙박스 영상의 시간별 #1차량, #2차량 주행 분석

▶ 분석 상세 내용

1. 사고지점 인근 현황

① 도로선형 및 차선 상황

도로 선형은 직선형으로 왕복 5차로에서 T자형 교차로 지나 왕복 4차로로 차로가 줄어드는 도로 구조임.

사고지점 위성지도

② 노면(기상상태 포함)

상기 사고지점 인근 도로 노면 상태 무난하고 기상 조건 맑은 날이었으며 가시 조건 양호한 수준으로 야간이었음.

③ 차로 현황

상기 사고지점 도로는 편도 2차로(왕복 4차로)이고 사고지점 인근 T자형 삼거리 교차로 도로 구조임.

④ 신호기 및 주요 안전표지

특별한 노면표지 확인되지 않음.

2. 사고관련 자료

① (2초경) 사고지점 교차로 진입 시 좌측 2차로 정지선에 정차하고 있는 불상의 SUV 차량과 1차로에 승용차가 확인됨. #1차량이 3차로에서 교차로에 진입함.

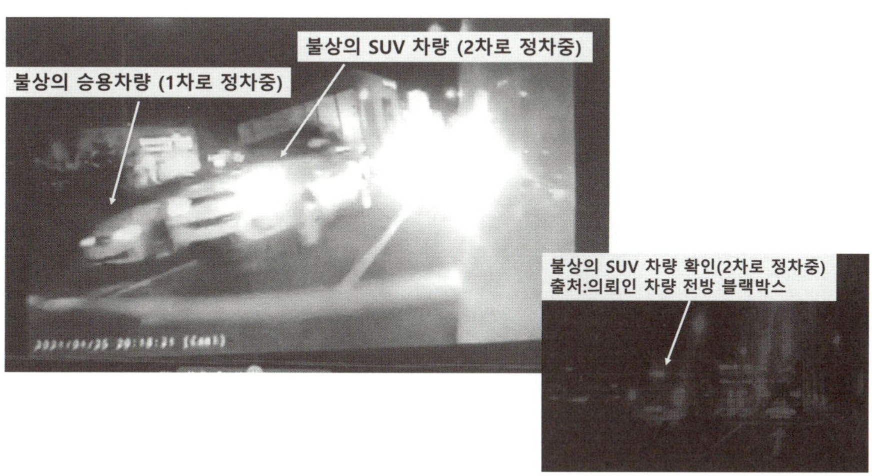

정차 중인 인근 차량들

② (4초 ~ 6초 구간) #1차량은 교차로에 진입 후 서행 중, #2차량은 #1차량 뒤 두 번째 후행하며 교차로 진입한 것으로 추정됨.

#1차량을 후행하는 #2차량의 전조등

③ (6초 ~ 7초 구간) 교차로 진입한 #2차량이 좌측으로 진로변경 시작한 것으로 추정됨.

진로를 변경하기 시작하는 #2차량

④ (7초 ~ 8초 구간) #2차량은 진로변경 직후 #1차량 뒤 첫 번째 후행 차량 좌측을 주행 중이었고,
#1차량이 좌측으로 진로를 변경하기 시작함.

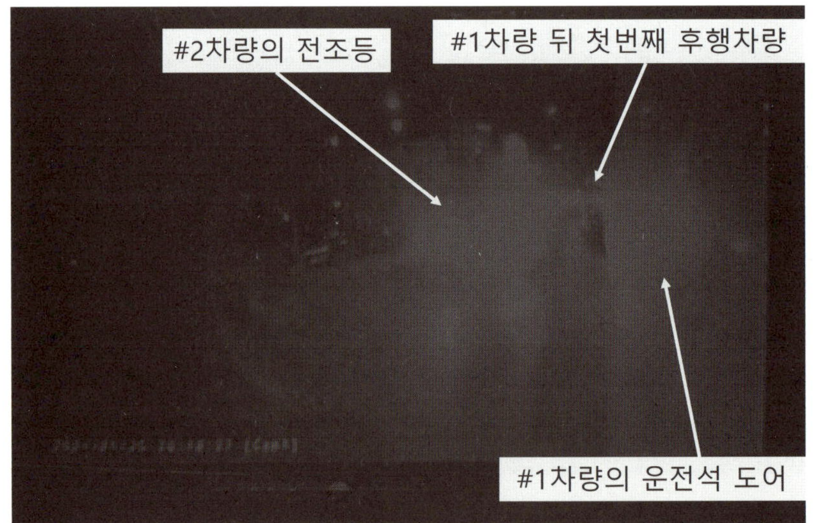

진로 변경을 종료한 #2차량

⑤ (9초 ~ 10초 구간) #1차량이 진로를 변경 직후 후행하던 #2차량과 측방 충돌됨. 약 10초경 #2차량의 좌측 백미러(Back Mirror)로부터 이탈 확인됨.

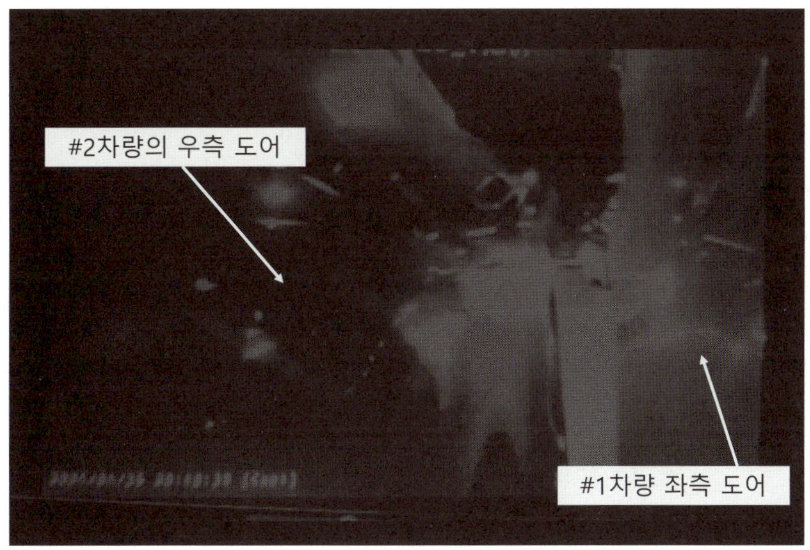

#1차량과 #2차량 측방 충돌 발생 시점

⑥ 방향지시등 점등 여부

#1차량 운전자는 진로변경 시 방향지시등 점등을 영상 기준 약 5초경 점등하였다고 진술하고 있음. #2차량의 방향지시등 점등 여부는 확인되지 않음.

⑦ 그 외 특이사항

#1차량과 #2차량 모두 교차로 내에서 진로를 변경한 것으로 판단되고 #2차량이 진로 변경하고 난 직후 #1차량과 측방 충돌 발생한 것으로 추정됨.

▶ 분석 결과 및 견해

1. 상기 도로구조 및 현황, 양 차량의 충돌흔, #1차량 블랙박스 영상에서 두 차량별 주행 움직임 등으로 분석해 보면 두 차량 간 사고 발생에 있어서 1) #1차량은 교차로 진입 시 도로의 가장 오른쪽 차로인 3차로에서 진입하였고, 2) 전방 정체로 인해 교차로 내에서 서행하고 있었고, 3) #1차

량과 같은 차로에서 두 번째로 후행하던 #2차량도 교차로에 진입한 것으로 보이고, 4) #1차량과 #2차량 모두 교차로 내에서 진로를 변경한 것으로 보이며, 5) #2차량이 진로변경 직후 진로 변경하던 #1차량의 좌측부, #2차량의 우측부가 충돌한 것으로 추정됨.

2. #1차량 블랙박스 영상 분석을 통해서 #2차량이 #1차량 두 번째로 후행 주행 중이었던 것은 명확히 확인되고, #1차량이 진로를 변경하던 중 약 1 ~ 2초 먼저 진로를 변경하여 주행하던 #2차량의 측방 간 충돌한 사고로 추정됨.

3. 결과적으로 #2차량 진로변경 시각은 약 6 ~ 7초경, #1차량의 진로변경 시각은 7 ~ 8초경으로 그 차이가 현저하게 크지 않다고 추정되어 두 차량의 동시 차로 변경으로 보아 쌍방이 동일한 수준의 과실책임 부담함이 적절할 것으로 보임.

 블랙박스를 말하다

블랩스
교통사고조사분석랩

사례 요약

2021년 5월 21일 오후 6시 25분경, 경기도 화성시 동탄대로시범길 소재 동탄역 시범더샵 센트럴 시티 아파트의 지하주차장 내 통로에서 쏘렌토 SUV(#1차량)와 MINI(#2차량) 간의 접촉 사고가 발생하였습니다.

해당 사고는 지하주차장의 좁은 통로에서 이루어진 교행 중 발생한 것으로, 사고 당시 #1차량은 좌회전을 통해 통로에 진입하였고, #2차량은 직진으로 진행 중이었습니다.

사고 직후의 사진 분석에 따르면, #1차량의 조향 방향은 차량 기준 12시 방향이 정방향일 때 10시와 11시 사이 방향으로 조향되었으며, 이로 인해 #1차량의 좌측 도어 부분이 #2차량의 좌측 후방 휀더와 접촉한 것으로 나타났습니다.

블랙박스 분석 기준으로 보면, #2차량은 사고 4.2초 전부터 정지한 상태였으며, #1차량은 이를 인지하고 충분히 회피할 여지가 있었음에도 불구하고 계속해서 이동하다가 사고를 유발하였습니다.

결과적으로, 해당 사고는 정지한 #2차량에 대해 조향 중이던 #1차량이 서행 중 부주의하게 접촉한 사고로 판단되며, 가해 차량은 #1차량으로 결론지어졌습니다.

교통사고 영상 원본
출처: 교통사고분석랩 블랩스 Youtube

▶ 발급 정보 및 제출처

발행번호	KTAC-2021-01-0016
발행일	2021. 5. 26.
발행기관	교통사고분석랩 블랩스
제출기관	○○손해보험사

▶ 사고 개요

1. 사고 일시

2021년 5월 21일 18시 25분경

2. 사고 위치

경기도 화성시 동탄대로시범길 19 동탄역 시범더샵 센트럴시티 아파트 지하 주차장

3. 사고 개요

위 아파트 내 지하주차장 통로에서 발생한 쏘렌토(21수 ○○○○, 이하 #1차량)와 MINI(05주 ○○ ○○, 이하 #2차량) 간 접촉 사고

4. 파손·손상 부위

① #1차량 : 운전석 도어부

#1차량과 #2차량 접촉사고 발생 시점

② #2차량 : 좌측 후방 휀더부

접촉사고 후 #2차량 손상흔적 및 범위

▶ 분석 사항

블랙박스 영상분석을 통한 정지시점, 접촉시점 및 사고 원인 분석

▶ 분석 상세 내용

1. 블랙박스 영상 및 사진 분석

① (8.8초경) #1차량이 좌회전 통로 진입할 때 #2차량은 직진 통로를 주행함.

아파트 주차장 통로에서 좌회전하는 #1차량

② (11.9초경) #1차량과 #2차량이 교행을 시작함.

통로에서 교행을 시작하는 #1차량과 #2차량

③ (14.3초경) #2차량은 정지하고 #1차량은 계속 서행함.

#2차량은 정지하고 #1차량은 교행 중

④ (18.5초경) #1차량이 #2차량을 접촉함.

#1차량이 #2차량을 접촉한 시점

2. 사고 현장 사진 분석

접촉사고 직후 두 차량의 위치

▶ 분석 결과 및 견해

1. #2차량은 #1차량이 접촉하기 약 4.2초 전에 정지한 것으로 확인됨.

2. #1차량은 정지 상태의 #2차량을 접촉한 것으로 확인됨.

3. #1차량 전방을 12시 방향으로 정의할 때, #1차량 타이어가 10 ~ 11시 방향으로 향하고 있는 것이 확인되는 점을 미루어 보면 이는 #1차량이 조향하던 중 #1차량 좌측 도어부가 #2차량 좌측 후방 휀더부를 접촉한 것으로 보는 것이 상당함.

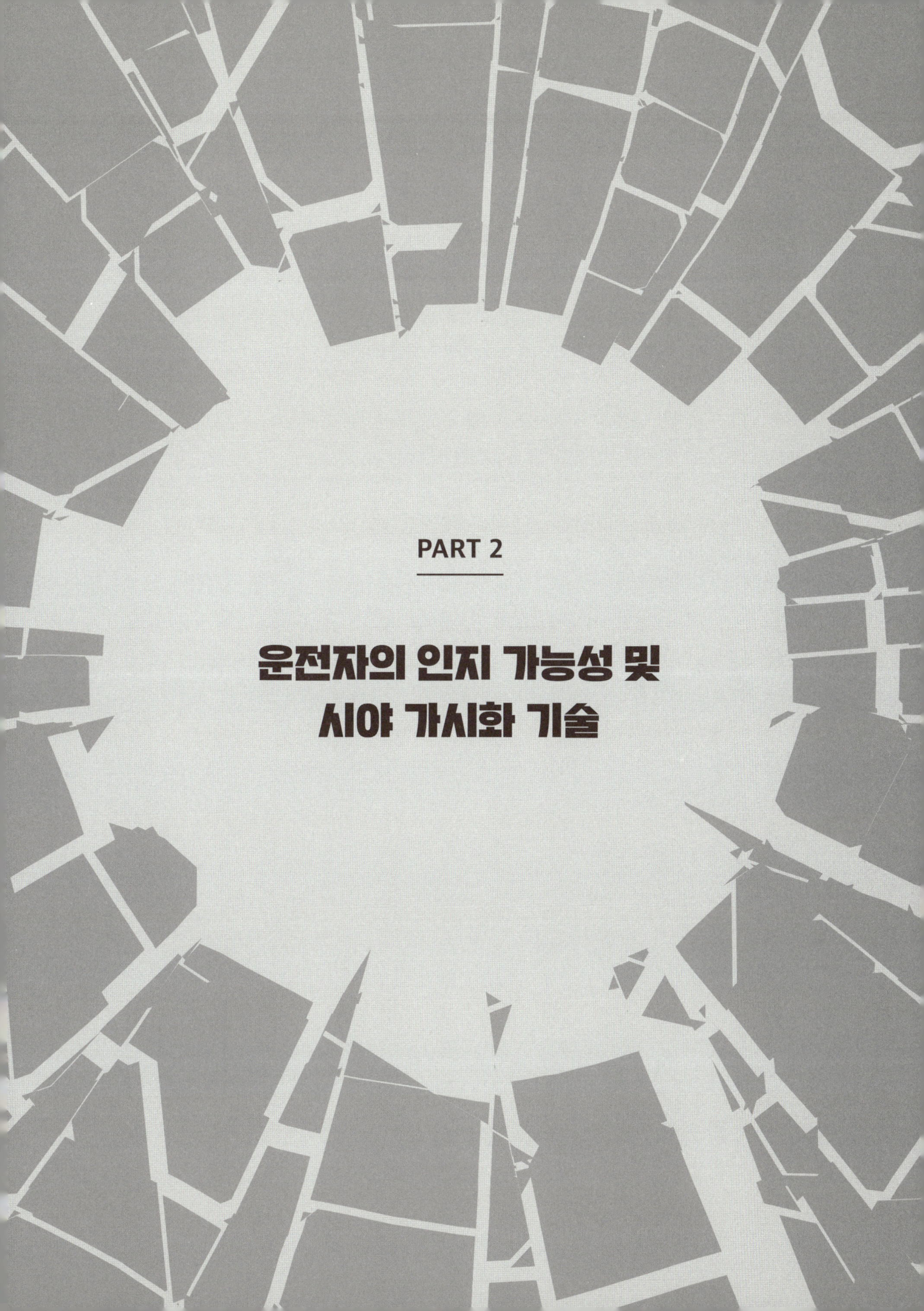

PART 2

운전자의 인지 가능성 및
시야 가시화 기술

사례 요약

2024년 7월 24일 경기도 안양시에서 발생한 사고입니다. 장소는 KB국민은행 호계동종합금융센터 앞 도로로, 레미콘 트럭(#1차량)이 정차 후 출발하던 중 횡단 보행자를 충격한 사고입니다. 사고 장면은 사고지점 인근 CCTV에 1분 28초 동안 녹화됐습니다.

분석 목적은 #1차량 운전자가 피해자를 인지할 수 있었는지 여부를 확인하는 것이었습니다. 도로는 직선 구간이고, 횡단 구배는 거의 평평했습니다.

분석 결과, #1차량 운전자가 전방을 주시하고 있었다면, 횡단 중인 보행자를 인지할 수 있었을 것으로 보입니다.

결론적으로, #1차량 운전자가 보행자를 인지하지 못한 채 다른 곳에 시선을 두어 전방 주시에 대한 소홀함을 원인으로 한 교통사고입니다. 도로를 무단으로 횡단한 보행자의 과실책임도 일부 있지만 이를 미처 확인하지 못한 운전자의 과실책임 더 큰 사고로 도로 위에서는 운전자는 전방 시야를 확보하는 데 소홀함과 방심이 없어야 하겠습니다.

교통사고 영상 원본
출처: 교통사고분석랩 블랩스 Youtube

발행번호	KTAC-2025-01-0003
발행일	2025. 1. 7.
발행기관	교통사고분석랩 블랩스
제출기관	안양○○경찰서

▶ 사고 개요

1. 사고 일시

2024년 7월 24일 오후 3시 43분경

2. 사고 위치

경기 안양시 동안구 흥안대로 125 KB국민은행 호계동종합금융센터 앞 도로

3. 사고 개요

상기 도로 편도 5차로 중 2차로에 정차 후 출발하는 #1차량(경기14보 ○○○○)이 해당도로 호계사
거리 버스정류장 인근에서 KB국민은행 앞으로 횡단하는 피해자를 충격 후 밟고 지나간 사고

▶ 영상 정보

사고 장면이 녹화된 CCTV 재생 영상(1분 28초 분량)

▶ 분석 사항 및 목적

분석 사항	상기 영상을 프레임별로 정밀 분석하여 차량 및 보행자 횡단 동선을 분석
분석 목적	횡단하는 피해자에 대한 #1차량 운전자의 인지 가능 여부

▶ 사고지점 도로 선형 및 구배

1. 도로 선형 : 해당 사고지점 도로 선형은 직선 구간으로 왕복 11차로 도로로 확인됨.

사고지점 위성촬영 사진

2. 횡단 구배 : 해당 사고지점 양방향 도로 횡단구배는 지형 절대고도(1차량 도로 지형 절대고도: 48.51m, 피해자 횡단 도로 지형 절대고도: 48.43m) 차이가 미미하여 평평한 상태로 볼 수 있음.

사고지점 위성촬영 사진

▶ 분석 상세 내용

1. #1차량 운전자의 피해자 인지 가능 여부

① (20초경) #1차량은 6차로 중 3차로에 정차 중이며 피해자는 반대편 5차로 도로 끝에서 횡단하기
   시작한 것으로 추정됨.

사고지점 인근 CCTV 영상 속 레미콘 트럭과 보행자

② (47초경) #1차량은 지속 정차하고 있으며 피해자는 반대편 도로 5차로의 1차로 내지 2차로 부근
   을 횡단하고 있는 것으로 추정됨. 해당 도로는 횡단구배가 거의 없는 평평한 도로이므로 #1차량
   의 수평부를 연장한 선 ⓐ, ⓑ와 나란한 가상선을 그어 연장해 보면 피해자의 하단부와 #1차량
   의 하단부가 동일한 가상선 위에 있음을 확인할 수 있음.

사고지점 도로에 수직 방향인 횡축선

③ (54초경) #1차량은 1차로에 지속 정차하고 있으며 피해자는 사고지점 도로 안전지대 내지 1차
　로에 진입하여 횡단하고 있는 것으로 확인됨. 전방의 다른 차량에 의해 가려져 명확하게 확인되
　지 않으나 적어도 가상의 횡축의 거의 동일한 선상으로 횡단하고 있는 것으로 보여 #1차량 기준
　좌측 후방에 위치하지 않았을 것으로 추정됨.

사고지점 도로에 수직 방향인 횡축선

④ (1분 1초경) #1차량 좌측에 매우 근접한 위치에 피해자가 위치해 있는 것으로 확인됨.

피해자가 도로를 횡단하여 레미콘 트럭에 근접한 시점

레미콘 트럭에 근접한 피해자

▶ 참조 및 참고 문헌

1. 상기 #1차량 차종과 유사한 레미콘 믹서 트럭 내부 운전석에서는 전방, 하방 및 좌측방 시인성
   이 양호한 편이며, 통상 정차 상태에서 시계 방해 요소는 거의 없음. 또한 운전석이 지상으로부
   터 2m 가까이로 높아 정차 중에 전방, 좌측방, 하방에 대하여 인지 또는 식별 가능했을 것으로
   봄이 상당함.

레미콘 트럭과 유사 차종의 운전석에서 바라본 시야

2. 일반적으로 운전자의 수평 시계는 양안 94°로 총 188°의 시계를 확보할 수 있으며, 수직 시계는 상방향 50°, 하방향 80°의 시계를 확보할 수 있음.

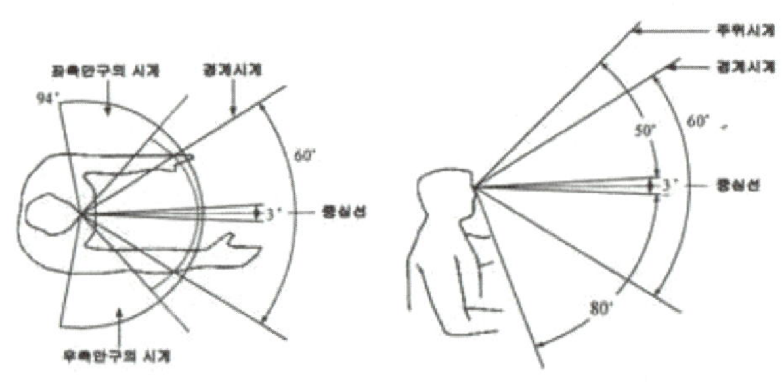

운전자의 좌우 및 상하 시야각과 시계

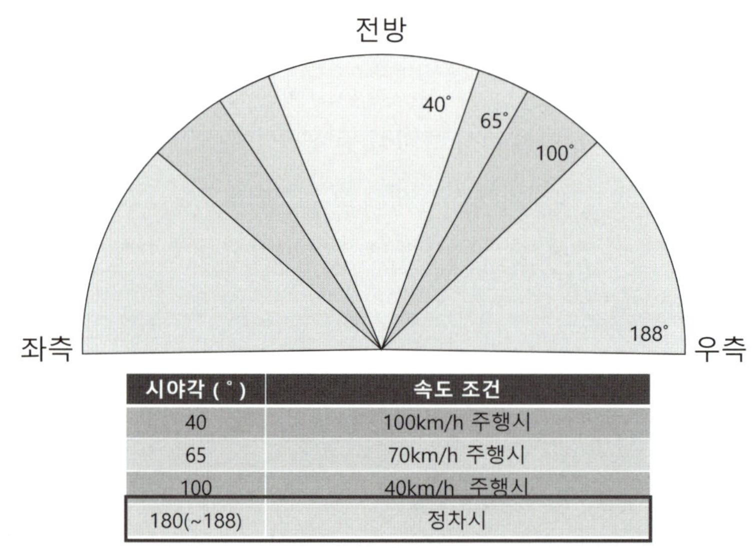

시야각 (°)	속도 조건
40	100km/h 주행시
65	70km/h 주행시
100	40km/h 주행시
180(~188)	정차시

정차 및 주행 시 운전자의 좌우 시야각

▶ 분석 결과 및 견해

1. CCTV 영상 재생 시간 기준 47초경 피해자가 반대편 차로의 1차로 내지 2차로에 부근에 횡단하고 있는 것으로 보이고 가상의 횡단선을 그어 연장했을 때 동일한 선상으로 보이는 바, 차량 좌

측 90° 방향에 위치한 것으로 추정됨(참고로, 피해자가 가상의 횡단선과 간격을 두고 그 위에 위치했다면, 좌측 90°를 벗어난 위치로 볼 수 있음.).

2. 운전자의 정차 시 수평 시야각은 좌안, 우안 최대 94°, 양안 합해 188°이므로 해당 수평 시계 내에서 움직임에 대해서 인지할 수 있었을 것으로 봄이 상당함. 한편, 수직 시야각은 이론상 하방 80°, 상방 50°로 총 130° 범위의 시계를 확보할 수 있어 1분 1초경 상기 피해자가 #1차량 좌측에 근접한 위치에서 피해자를 인지할 수 있었을 것으로 봄이 상당함(참고문헌: 운전자 시야를 고려한 시거산출 및 설계 일관성에 관한 연구).

3. 따라서, 정차 중인 상태에서 #1차량 운전자가 전방으로 시선을 유지하고 있었다면 동일 횡단선 상에서 횡단 중인 좌측의 보행자를 인지할 수 있었을 것으로 추정되나 이를 인지하지 못했다면, 운전자의 시선이 전방을 향하지 않았을 것임을 배제할 수는 없음.

4. 덧붙여 상기 차량과 유사한 레미콘 믹서 트럭의 전고가 약 3.2m에 이르고 운전자 시선 높이가 노면으로부터 약 2m 높이로 운전석에서 좌측방, 전방, 하방을 별다른 장애 없이 확보할 수 있는 바, 운전자의 수직, 수평 시인성은 승용차 대비 더 우세하다고 볼 수 있음.

사례 요약

이 사고는 2023년 3월 31일 오전 6시 50분경 서수지 톨게이트에서 성남 방향 약 320m 지점 우측 끝차로에서 발생하였습니다. 선행 직진 중이던 아반떼AD(#2차량)와 후행 직진 중이던 스카니아 S500 22.5톤 상승윙바디(#1차량) 간의 측방 추돌 사고입니다.

#2차량의 후방 블랙박스 녹화 영상을 분석한 결과, 추돌 35초 전부터 #1차량은 #2차량 좌측 후방에 근접하여 주행하였고, 추돌 직전까지 같은 위치에서 직진을 유지하였습니다. 사고 차로는 우측 폭이 좁아지는 병목구간의 단일차로였으며, 폭이 약 6.6 ~ 7.3m로 #1차량(폭 2.5m)과 #2차량(폭 1.8m)이 나란히 주행하기에는 매우 협소한 상태였습니다.

스카니아 차량의 운전자는 높은 운전석 위치로 인해 최소 35초 전부터 전방 차량 정체와 차로 폭 축소 상황을 인지할 수 있었던 것으로 판단됩니다. #2차량은 진로 변경을 시도한 것으로 보기 어려우며, 해당 구간은 선행 차량에게 우선 통행권이 인정되기 때문에 #1차량이 좁은 폭의 차로에서 무리하게 주행하다 #2차량 좌측 후방을 추돌하여 사고가 발생한 것으로 최종 결론 내렸습니다.

보통 대형 차량의 우측 전방은 운전자의 사각지대로 해당 위치에 주행할 경우 서둘러 그 위치를 벗어나는 것이 사고 예방에 도움이 될 것입니다.

교통사고 영상 원본
출처: 교통사고분석랩 블랙스 Youtube

▶ 발급 정보 및 제출처

발행번호	KTAC-2023-01-00008
발행일	2023. 5. 15
발행기관	교통사고분석랩 블랩스
제출기관	○○ 보험회사

▶ 사고 개요

1. 사고 일시

2023년 3월 31일 06시 50분경

2. 사고 위치

서수지 톨게이트에서 성남 방향으로 약 320m 지점 우측 맨 끝차로

3. 사고 개요

상기 도로에서 성남 방향으로 선행 직진 중인 아반테AD(27라○○○○, #2차량)와 동일 방면 후행 직진 중인 스카니아 S500 22.5톤 상승윙바디(충북88 자○○○○, #1차량) 간 측방 추돌 사고

▶ 분석 사항 및 목적

#1차량과 #2차량의 주행 동선 분석

▶ 분석 상세 내용

1. #1차량과 #2차량 운행 분석

① 추돌 35초 전 후방에서 #1차량이 #2차량 좌측 후방으로 근접하였고 계속 #2차량의 좌측 후방에서 따라오고 있음.

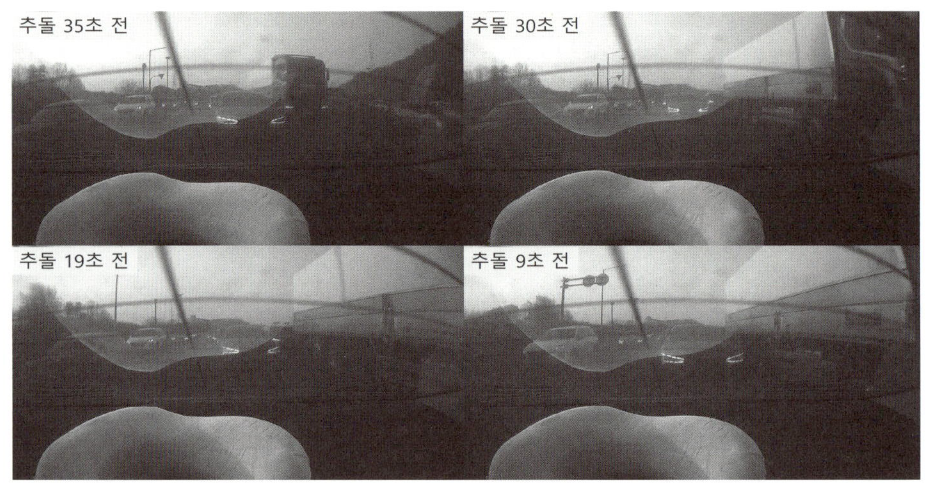

추돌 전 시각별 #1차량 위치

② 추돌 7초 전부터 추돌 순간까지 #1차량은 계속 #2차량 좌측 후방에서 계속 직진하였음.

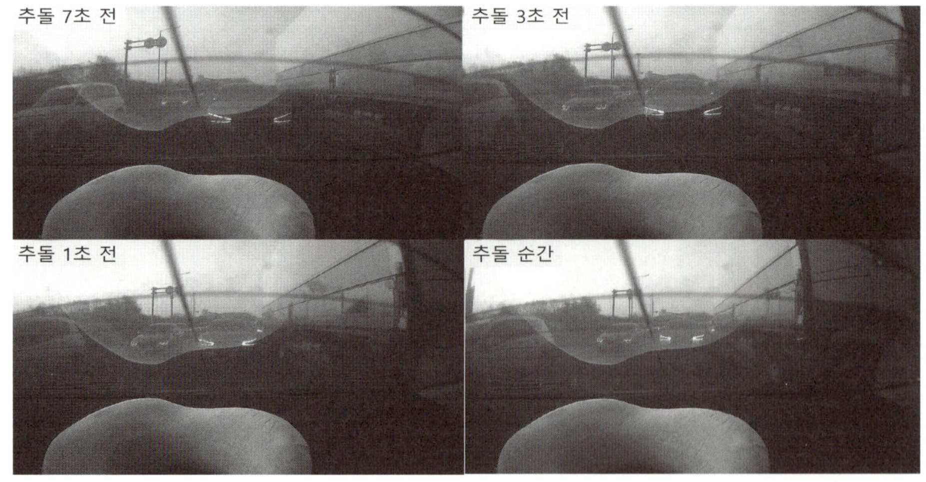

추돌 전 시각별 #1차량 위치

1. 추돌사고가 발생한 차로는 우측이 줄어드는 차로였고 블랙박스 영상으로 추정한 사고지점은 아래와 같음. 해당 차로 폭은 6.6 ~ 7.3m로 추정됨. #1차량 폭은 2.5m, #2차량 폭은 1.8m로 양 차량이 매우 근접하여 통과할 수밖에 없는 단일차로로 판단됨.

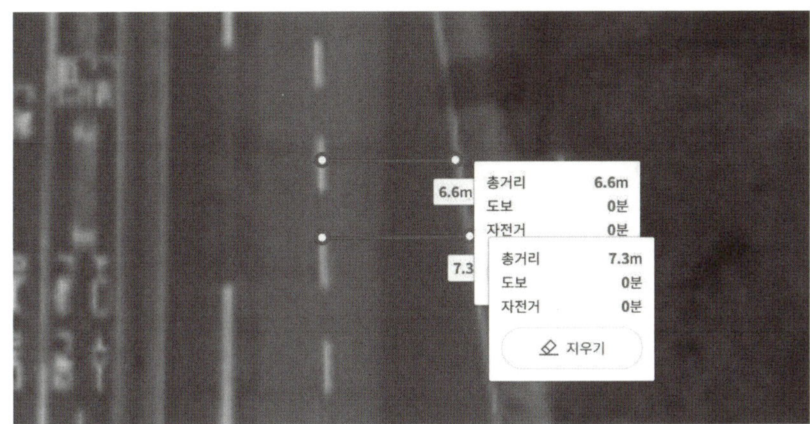

추돌 순간 #1차량과 #2차량의 추정 위치

2. 사고 직후 촬영한 사진에서 볼 때 #1차량이 #2차량 좌측 공간으로 직진하기에는 좁은 상태였음을 확인할 수 있음.

사고 직후 현장 사진

▶ **분석 결과 및 견해**

1. #1차량은 스카니아 차량으로 운전석이 높아 운전자는 적어도 추돌 35초 전부터 전방에 차량 정체 중인 상황을 인지할 수 있었고 차로의 폭이 좁아지는 상황을 인지할 수 있었을 것으로 봄이 상당함.

2. #2차량은 해당 차로에서 진로 변경을 목적으로 조향장치를 조작했다고 보기 어려움.

3. 해당 차로는 우측 폭이 좁아지는 단일차로로 #1차량은 공간이 협소함을 인지하고 #2차량 좌측으로 앞서 나아갈 수 없어 줄곧 #2차량 좌측 후방에서 주행한 것으로 판단됨.

4. 동일한 차로에서 앞뒤로 주행하는 경우에는 앞선 차량에게 우선 통행권이 인정되고, 해당 사고 지점은 폭이 좁아지는 병목구간으로 #1차량과 2차량이 동시 나란히 주행하기 어려운 폭이었음을 고려할 때 #1차량이 좁은 폭으로 주행 중 #2차량 좌측 후방을 추돌하여 발생한 사고로 봄이 상당함.

블랩스
교통사고조사분석랩

사례 요약

2023년 12월 21일 밤 서울 용산구 원효로2가 교차로에서 발생한 추돌 사고 분석 사례입니다.

벤츠 E350 차량이 좌회전을 하려고 정차 중이던 스파크 차량의 후방 범퍼를 아주 살짝 접촉했습니다. 이 사고는 벤츠 차량의 블랙박스 영상으로 분석됐는데, 벤츠 운전자는 밟고 있던 브레이크 페달에서 발을 매우 천천히 떼는 중이었고, 이때의 속도는 대략 1km/h로 추정되었습니다.

일반적으로 차량 범퍼는 시속 8km까지의 충돌에서는 기능적인 손상이 없도록 설계되어 있습니다. 그래서 벤츠 차량의 접촉이 스파크 차량 탑승자에게 큰 피해를 주지 않았을 것으로 추정됩니다.

하지만, 사고 당일 날씨가 매우 추워서 플라스틱 소재인 범퍼의 강도가 취약해져 있었고, 벤츠의 번호판은 금속 소재이기 때문에 스파크 차량의 후방 범퍼에 닿아 손상을 일으킬 수 있는 가능성이 있음을 배제할 수 없는 것으로 최종 분석 결과를 도출하였습니다.

교통사고 영상 원본
출처: 교통사고분석랩 블랩스 Youtube

▶ 발급 정보 및 제출처

발행번호	KTAC-2024-01-0017
발행일	2024. 7. 11.
발행기관	교통사고분석랩 블랩스
제출기관	○○ 보험회사

▶ 사고 개요

1. 사고 일시

2023년 12월 21일 오후 10시 15분경

2. 사고 위치

서울 용산구 원효로2가 교차로

3. 사고 개요

서울 용산구 원효로2가 교차로에서 용산 경찰서 방면 좌회전을 위하여 1차로에서 벤츠 E350(#1차량, 146오 ○○○○) 차량이 정차 중인 스파크(#2차량, 36도 ○○○○) 차량의 후방 범퍼 접촉 사고

▶ 분석 사항 및 목적

#1차량의 #2차량 후미 범퍼 접촉에 따른 탑승자 피해 가능성 분석 및 추정

▶ 분석 상세 내용

1. #1차량 전방 블랙박스 영상 분석

① (54초경) #1차량이 정지상태에서 서서히 전방으로 움직이기 시작함.

접촉사고 직전 #1차량의 위치

② (1분 6초경) #1차량 전방 범퍼부가 #2차량 후방 범퍼부에 접촉됨.

접촉사고 직후 #1차량의 위치

▶ 분석 결과 및 견해

1. 상기 분석 결과와 같이 12초 동안 약 3m 내외를 이동한 속도인 약 1km/h(0.25m/s)의 상당한 저속으로 #1차량이 이동하여, #2차량의 후방 범퍼를 접촉한 것으로 확인됨.

2. 통상 자동차의 전방 및 후방 범퍼는 8km/h(5mile/h 또는 2.22m/s)의 충돌에도 기능적인 손상을 받지 않고 자동차 범퍼가 모든 피해를 흡수하도록 설계되어 있는 바, #1차량의 매우 경미한 후방 범퍼 접촉으로 인해 #2차량 내 탑승자의 피해는 거의 없거나 또는 상당히 미미했을 것으로 봄이 상당함(○참고자료 1 ~ 참고자료 3).

3. 차체 손상에 대해서는 #2차량 범퍼에 홈집(Scrach) 등이 예상되나 사고 발생 당시 서울 지역이 최고기온 영하 8도, 최저기온 영하 14도의 맑은 날씨로 영하 10도 미만의 기온이었음을 감안할 때 플라스틱 재질인 범퍼 커버는 취성이 약해져 작은 충격에 쉽게 손상이 발생할 가능성이 있음. 따라서 상기 #1차량의 중량(1,920kg, 출처 : 메르세데스 벤츠코리아 제공 차량 제원)까지 고려할 때 #1차량의 전방 범퍼에 부착된 금속소재의 번호판이 #2차량의 범퍼에 닿아 덴트(Dent)나 홈집(Scratch) 등이 발생할 것으로 예상되는 등 #2차량 범퍼에 손상이 발생할 가능성을 완전히 배제할 수 없음(○참고자료 4).

United States Government Accountability Office, Pedestrian Safety Page. 9 Bumper Standard by NHTSA, April. 2020.

United States Government Accountability Office

Report to the Ranking Member, Committee on Environment and Public Works, U.S. Senate

PEDESTRIAN SAFETY

NHTSA Needs to Decide Whether to Include Pedestrian Safety Tests in Its New Car Assessment Program

Accessible Version

April 2020

GAO-20-419

Letter

- **FMVSS.** These are minimum performance standards established in regulation for new motor vehicles and items of motor vehicle equipment. According to NHTSA officials, FMVSS have test procedures and performance criteria with minimum thresholds for motor vehicles and motor vehicle equipment, such as minimum light intensity requirements for headlamps.

- **Bumper standard.** In addition, while not in the FMVSS, NHTSA's bumper standard prescribes performance requirements in regulation for passenger cars in low-speed front-end and rear collisions.[10] According to NHTSA officials, the bumper standard is intended to prevent damage to the car body and safety related equipment at speeds equivalent to a 5 miles-per-hour (mph) crash into a parked vehicle of the same weight. The standard applies to front and rear bumpers on passenger cars, but not to other multipurpose passenger vehicles, such as SUVs, minivans, or pickup trucks.[11]

The United States is also involved with pedestrian safety internationally. In June 1998, the United States signed an international agreement administered by the United Nations concerning the establishment of global technical regulations for motor and other wheeled vehicles.[12] The purpose of the agreement was to establish a global process for jointly developing technical regulations regarding such things as safety, environmental protection, and energy efficiency of vehicles. As part of this agreement, in 2008, Global Technical Regulation No. 9 was established to improve pedestrian safety by requiring vehicle hoods and bumpers to absorb energy more efficiently when impacted in a vehicle-to-pedestrian collision.[13] This international standard has two sets of performance criteria: head impact requirements that ensure vehicle hoods provide protection to a pedestrian's head when impacted; and leg protection requirements for the front bumper that would require bumpers to subject pedestrians to lower impact forces. According to NHTSA, as a signatory

[10] 49 C.F.R. Part 581. According to NHTSA, the bumper standard applies to front and rear bumpers on passenger cars to prevent damage to the car body and safety related equipment at a barrier impact speed of 2.5 miles per hour across the full width of the bumper and 1.0 mph at the corners.

[11] 49 C.F.R. § 581.3.

[12] United Nations Economic Commission for Europe, *Agreement Concerning the Establishment of Global Technical Regulations for Wheeled Vehicles, Equipment and Parts Which Can Be Fitted and/or Be Used on Such Wheeled Vehicles* (June 1998).

[13] United Nations Economic Commission for Europe, Global Technical Regulation Number 9, *Pedestrian Safety*, ECE/TRANS/180/Add.9 (Nov. 12, 2008).

                    GAO-20-419 Pedestrian Safety

• 위 박스 부분을 번역하면 다음과 같음.

> **• 범퍼 기준.** 또한, FMVSS에는 없지만 NHTSA(미국교통안전국)의 범퍼 표준은 저속 전방 및 후방 충돌 시 승용차에 대한 규정에서 성능 요구사항을 규정하고 있음. NHTAS 관계자에 따르면 범퍼 표준은 동일한 무게의 주차된 차량에 시속 5마일(mph)로 충돌하는 것과 동일한 속도로 차체 및 안전 관련 장비가 손상되는 것을 방지하기 위한 것임. 이 표준은 승용차의 앞, 뒤 범퍼에는 적용되지만 SUV, 미니밴, 픽업트럭과 같은 다른 다목적 승용차량에는 적용되지 않음.

※ 참고자료 2

자동차 범퍼의 충격 기준은 주로 차량의 안전성과 손상 비용을 평가하기 위해 설정됨. 국가별로 다를 수 있지만, 대표적인 기준은 다음과 같음.

1. 미국

미국에서는 보험업체들을 대표하는 비영리 단체인 IIHS(Insurance Institute for Highway Safety)와 NHTSA(National Highway Traffic Safety Administration)가 자동차 충돌 시험을 수행하고 기준을 설정함.

- IIHS 충돌 테스트 : IIHS는 차량의 저속 충돌(약 5마일/시간)에서 범퍼의 성능을 평가함. 이 시험은 차량 앞뒤에서의 충돌을 포함하며, 범퍼가 차량의 주요 구조나 중요한 부품에 손상을 최소화하는지를 평가함.
- NHTSA 규정 : NHTSA는 범퍼 충돌 표준(Federal Motor Vehicle Safety Standard No. 581)을 통해 차량이 2.5마일/시간에서 고정된 장애물에 충돌할 때와 1.5마일/시간에서 다른 차량에 충돌할 때 충격을 견딜 수 있는지 평가함.

2. 유럽

유럽에서는 Euro NCAP(European New Car Assessment Programme)가 차량의 충돌 시험을 수행함.
- Euro NCAP 충돌 테스트 : Euro NCAP는 다양한 속도와 시나리오에서의 충돌 시험을 통해 차량의 전체적인 안전성을 평가함. 범퍼 시험은 주로 보행자 안전과 연관되어 있으며, 보행자와의 충돌 시 범퍼가 얼마나 효과적으로 충격을 흡수하는지를 평가함.

3. 우리나라

우리나라는 국토교통부와 한국교통안전공단이 차량 안전 규정을 설정함.
- 저속 충돌 시험 : 한국교통안전공단은 일반적으로 5 ~ 8km/h에서의 저속 충돌 시험을 통해 범퍼의 성능을 평가함. 이 시험은 차량의 앞뒤 충돌 상황에서 범퍼가 충격을 얼마나 잘 흡수하는지를 평가함.

※ 참고자료 3

통상적인 범퍼의 구조(아래 그림 참조)를 고려하면 범퍼 커버에 접촉이 일어날 경우 에너지 업소버, 범퍼 레일, 범퍼 스테이 등 다른 부속품 등으로 인해 차체에 그대로 전달되지 않고 감소시켜 충격량을 완화함. 즉 범퍼 커버에 가해진 접촉이나 충격이 강성이 있는 부품들로 인해 그 힘이 상쇄됨.

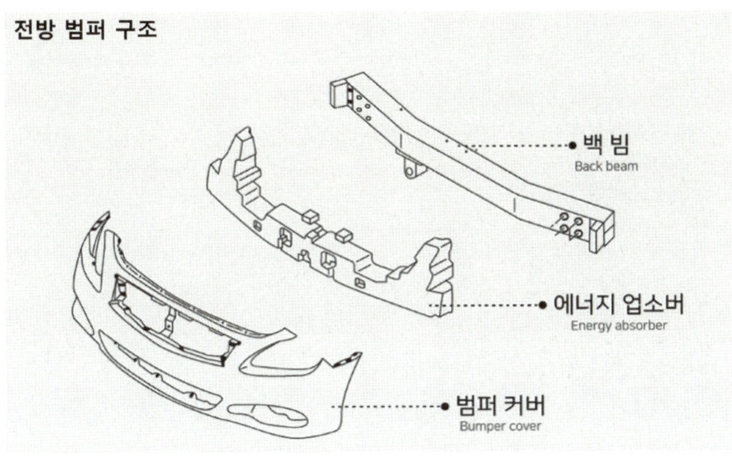

승용차의 일반적인 전방 범퍼 구조도

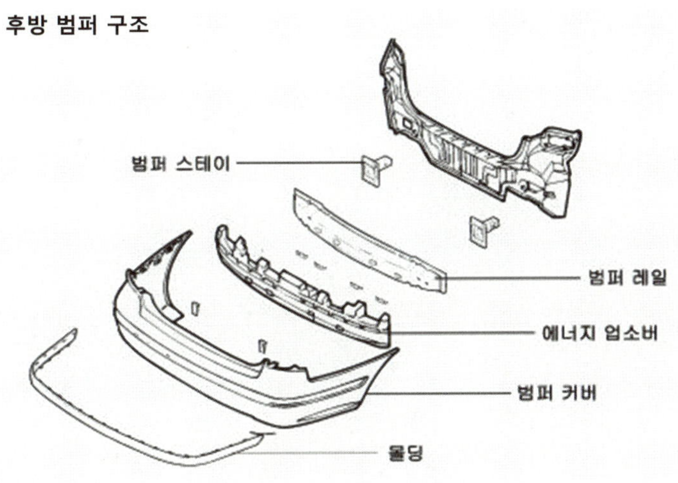

승용차의 일반적인 후방 범퍼 구조도

※ 참고자료 4

영하 10도 미만에서 플라스틱이 잘 깨지는 이유는 다음과 같은 물리적 특성 때문임.

1. 저온에서의 취성 증가 : 플라스틱은 저온에서 유연성을 잃고 취성(부서지기 쉬운 성질)이 증가. 특히, 영하의 온도에서는 분자들이 덜 움직이게 되어 플라스틱이 단단해지고 쉽게 부서질 수 있음.

2. 열적 수축 : 온도가 낮아지면 플라스틱은 수축하게 되고 이 과정에서 내부 응력이 증가하여 작은 충격에도 쉽게 균열이 발생할 수 있음.

3. 유리 전이 온도(Glass Transition Temperature, Tg) : 대부분의 플라스틱은 특정 온도 이하에서 유리상태(딱딱하고 깨지기 쉬운 상태)로 변하는 유리 전이 온도를 가지고 있음. 영하 10도는 많은 플라스틱의 유리 전이 온도 이하이기 때문에, 이 온도에서는 플라스틱이 매우 딱딱하고 깨지기 쉬운 상태가 됨.

4. 따라서, 이러한 이유들로 인해 플라스틱 소재인 범퍼 커버는 영하 10도 미만의 온도에서 특히 약해져 있어 가벼운 충격에도 쉽게 깨질 수 있음.

사례 요약

2024년 4월 24일 서울 마포구 아현초등학교 근처에서 발생한 승용차(2017년형 현대 소나타)와 자전거 사이의 충돌 사고에 대한 교통사고 분석 사례입니다.

사고 당시 승용차가 우회전을 하면서 자전거와 충돌하였고, 이로 인해 자전거 운전자가 넘어졌습니다.

분석 결과, 차량 운전자가 자전거를 인지하기 어려웠던 것으로 나타났습니다. 이는 자전거가 사각지대에 위치했기 때문입니다. 차량과 자전거 사이의 비접촉 가능성을 배제할 수 없으며, 접촉 또는 충돌이 있었다면 매우 경미했을 것으로 추정됩니다.

결과적으로 자전거의 위치와 사고 발생의 인과관계를 고려할 때, 차량 운전자가 자전거를 인지하거나 충돌 사실을 인지하지 못했을 가능성이 있을 것으로 추정됩니다.

교통사고 영상 원본
출처: 교통사고분석랩 블랩스 Youtube

▶ 발급 정보 및 제출처

발행번호	KTAC-2024-01-0013
발행일	2024. 7. 15.
발행기관	교통사고분석랩 블랩스
제출기관	○○경찰서

▶ 사고 개요

1. 사고 일시

2024년 4월 24일 오후 5시 48분경

2. 사고 위치

서울 마포구 굴레방로 17 아현초등학교 인근 T자 교차로

3. 사고 개요

승용차(17주 ○○○○, LF소나타) 우회전 중 자전거 전도 사고

▶ 분석 사항

승용차(#2차량) 운전자의 자전거(#1차량)에 대한 인지, 식별 가능 여부

▶ 분석 상세 내용

사고지점 인근 CCTV 영상별 구분		
#1영상	#2영상	#3영상
굴레방로 21-1 CCTV	굴레방로 11 CCTV	신촌로34길 41 CCTV

1. 상세 영상 분석

① (#1영상 9.5초경) #2차량 서행 및 제동등 점등 확인됨.

#2차량의 후미 제동등 점등

② (#1영상 11.5초경) #2차량 후미 방향지시등 및 사이드 미러 리피터 점등 확인됨.

#2차량의 후미 방향지시등과 우측 리피터 점등

 블랙박스를 말하다

③ (#1영상 16.2초경) #2차량은 정차 중이고 방향지시등 계속 점등함.

#2차량 정차 및 방향지시등 점등 중

④ (#1영상 21초경) #2차량은 정차 중이고 #1차량은 #2차량 우측 후방에서 직진 중으로 확인됨. #2
차량과의 차간 거리는 10m ~ 15m로 추정됨. (※ 차간 거리는 #2차량 후방 범퍼에서 #1차량 전
방 바퀴 간 거리)

#2차량과 #1차량의 차간 거리와 상대적 위치

⑤ (#1영상 22.6초경) #2차량 정차 후 출발하였고 #1차량은 #2차량 후행 직진 중임.

#2차량 정차 후 출발 시 #1차량의 위치

⑥ (#2영상 27.4초경) #2차량은 우회전 직전이고 #1차량은 #2차량 기준 우측 후방에 직진 주행 중
  이며 #1차량 앞 끝선과 #2차량 앞 끝선의 간격은 약 1.5 ~ 1.9m로 추정됨. (※ LF소나타 2015년
  식 전장 길이 4,855mm의 60% ~ 70%로 추정)

#2차량 우회전 직전 #1차량과의 거리

⑦ (#3영상 28.3초경) #2차량 우회전 시작하였고 #1차량은 #2차량 우측 후방에서 직진 중임. 상기 (6)항에서와 같은 원리로 계산할 때 #1차량의 위치는 #2차량으로부터 약 3.9 ~ 3.4m 후방이었을 것으로 추정됨.

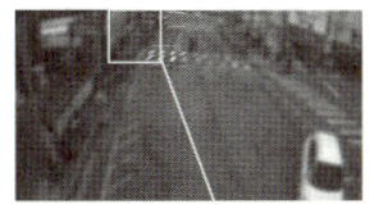

#2차량 우회전 시작 시 #1차량의 위치

⑧ (#3영상 29.6초경) #1차량은 #2차량 후방에서 급제동과 동시에 앞 핸들을 우측으로 회전하며 좌전도 되기 시작함.

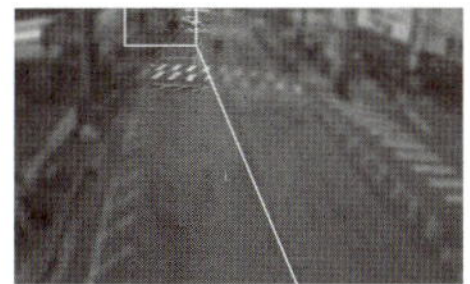

#2차량의 우회전 진행 중 #1차량의 위치

⑨ (#1영상 29.1초경) #1차량의 급제동과 동시에 뒷바퀴가 노면에서 튀어 오름.

#2차량 우측 후방에서 #1차량 급제동 순간

2. 상세 분석 결과

① 1-④와 1-⑤에서 보는 바와 같이 #1차량 운전자는 #2차량이 우회전할 것을 예상, 인지할 수 있었을 것으로 봄이 상당함.

② 1-⑥과 1-⑦에서 보는 바와 같이 #2차량 대비 #1차량은 우측 후방에 지속 주행하였고 #1차량보다 선행하거나 나란히 주행했다고 보기 어려우며 통상적인 운전자 시야각(양안 시야각 120°)을 비추어 볼 때 #2차량 운전자의 시야각을 벗어난 위치에서 주행 중인 #1차량을 인지하기 어려웠을 것으로 봄이 상당함.

③ 1-⑧과 1-⑨에서 보는 바와 같이 #1차량 운전자는 선행 우회전하는 #2차량의 우측 후방 접촉 또는 충돌을 피하기 위하여 급제동하여 뒷바퀴가 튀어 오른 것이 확인되고 이러한 점을 미루어 볼 때 앞바퀴 브레이크를 제동한 것으로 추정됨.

④ 또 #1차량이 #2차량과 접촉 여부는 확인되지 않으나 적어도 #1차량 운전자가 핸들을 우측으로 회전함과 동시에 급제동했을 것으로 봄이 상당함.

⑤ 상기 2-②, 2-③에서 분석, 추정한 바와 같이 #1차량은 #2차량 대비 우측 후방에 지속 주행 중이었고 #2차량 외 앞뒤 차량들도 우회전을 위한 정차 중이었으며 우측 방향지시등을 점멸한 것으로 확인됨.

▶ 분석 결과 및 견해

1. 상기 2-④에서 기술한 바와 같이 #1차량 운전자가 핸들을 우측으로 회전함과 동시에 급제동하여 뒷바퀴가 튀어 오르면서 좌전도 된 것으로 미루어 볼 때 #2차량과의 비접촉 가능성을 배제하기 어려움. 만약 #1차량과 #2차량 간 접촉 또는 충돌이 있었다면, 두 차량의 크기는 다르고 방향도 다른 힘의 합력에 의하여 #1차량은 우전도 되었을 가능성이 있음.

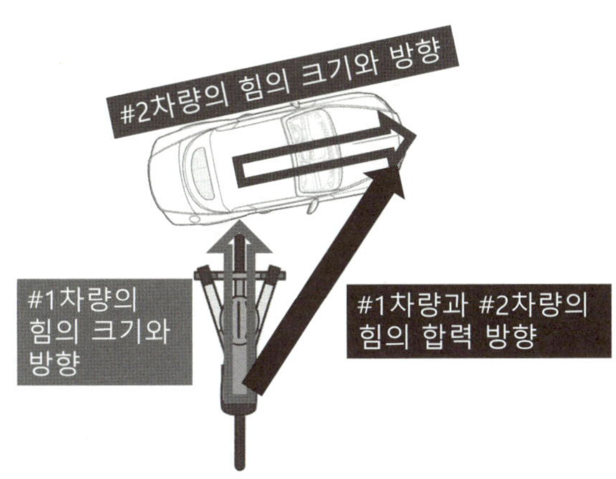

#1차량이 #2차량과 충돌했을 경우 예상되는 전도 방향

2. #1차량과 #2차량 간 접촉 또는 충돌 여부는 어떤 CCTV 영상에서도 판별하기 어려운 수준이나 만약 있었다고 하더라도 상당히 경미했을 것으로 추정됨.

3. 따라서 #1차량이 #2차량 운전자의 시야각을 벗어난 위치에서 지속 주행한 점, #1차량 운전자가 핸들을 우측으로 회전하여 좌전도 된 점, 두 차량 간 접촉 또는 충돌이 있었다면 우전도 되었을 가능성이 있어 비접촉 가능성을 배제하기 어려운 점 등을 감안할 때, #2차량 내 운전자가 #1차량의 주행 및 전도 사실을 인지하기는 어려웠을 것으로 봄이 상당함.

차량의 우측 전륜 휠 손상 가능성 분석 및 선행차량 인지, 식별 가능성 분석

사례 요약

2023년 11월 10일 부산 수영구에서 발생한 교통사고로 이 사고는 삼정 그린코아 아파트에서 광안리 해수욕장 방향으로 우회전을 한 볼보 S60(#1 차량)과 광안역에서 같은 방향으로 직진하던 포드 익스플로러 SUV(#2 차량)가 차선 변경 중 측면 접촉한 사고입니다.

#1 차량의 후방 블랙박스 영상을 프레임별로 검토한 결과, 차선 변경 순간과 #2 차량과의 측면 접촉 순간이 확인되었고 캡처된 이미지들은 볼보가 우회전을 하며 포드보다 약간 앞서며 차선 변경을 시작하여 충돌에 이르렀음을 보여줍니다.

#2 차량의 우측 전륜과 #1 차량의 좌측 후방 범퍼 손상을 면밀히 검토했을 때, 타이어 및 휠 손상은 일반적으로 회전축 주위에 원형 패턴으로 나타나지만, 이 경우에는 선형으로 나타나 휠이 정지된 상태에서 손상이 발생했을 가능성이 높아 보입니다.

분석 결과, #2차량의 우측 전방 범퍼와 #1차량 간의 차선 변경으로 인한 경미한 접촉이 있었으나, #2차량의 특정 타이어 손상 패턴은 이 접촉으로 인한 것이 아닐 가능성이 높습니다. #2차량의 운전자는 사고 당시의 상대 위치와 가시성을 고려할 때 #1차량의 차선 변경을 인지할 수 있었을 것으로 추정됩니다.

교통사고 영상 원본
출처: 교통사고분석랩 블랩스 Youtube

▶ 발급 정보 및 제출처

발행번호	KTAC-2024-01-0019
발행일	2024. 7. 29.
발행기관	교통사고분석랩 블랩스
제출기관	○○손해보험사

▶ 사고 개요

1. 사고 일시

2023년 11월 10일 오후 4시 30분경

2. 사고 위치

부산 수영구 광안로 50 삼덕빌딩 앞

3. 사고 개요

삼정 그린코아 아파트에서 광안리 해수욕장 방면으로 우회전한 후 진로변경하던 볼보 S60 승용차 (#1차량)와 광안역에서 광안리 해수욕장 방면으로 직진하던 포드 익스플로어 SUV(#2차량, 169구 ○○○○) 간 측방 접촉 사고

▶ 분석 사항

1. #1차량과 측방 접촉으로 인한 #2차량 전륜 우측 휠 손상 가능성 분석
2. #2차량 운전자의 #1차량 선행 주행 인지, 식별 가능성 분석

▶ 교통사고사실확인원상 사고 경위

볼보 차량(#1차량)이 우회전 후 포드 차량(#2차량) 우측 전방에서 진로변경 중 #1차량 좌측 후방과 #2차량 우측 전방부 간 접촉 사고.

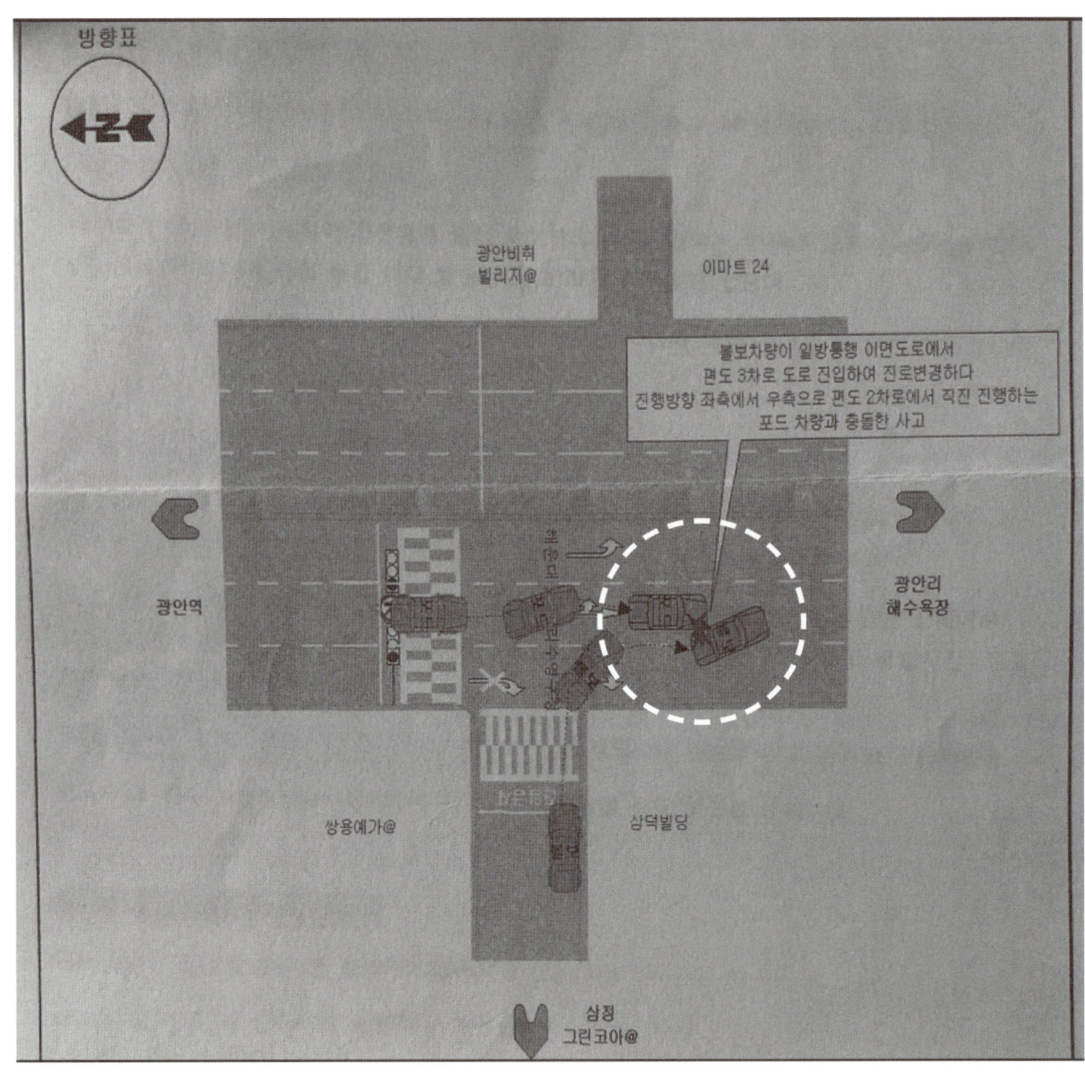

#1차량과 #2차량 간 사고 경위

▶ 분석 상세 내용

1. #1차량 후방 블랙박스 영상 분석

① #1차량이 우회전 후 진로 변경하고 있는 시점에 #2차량 전방 우측부가 #1차량 좌측 후미에 접촉함.

#1차량이 우회전 후 #2차량보다 다소 앞서 직진 중

#2차량이 진로변경하며 우측 전방 범퍼부로 #1차량의 좌측 후미 접촉

② #1차량의 좌측 후방 범퍼와 #2차량 전방 범퍼 우측부가 접촉하여 손상흔이 발생함.

#2차량이 진로변경하며 우측 전방 범퍼부로 #1차량의 좌측 후미 접촉

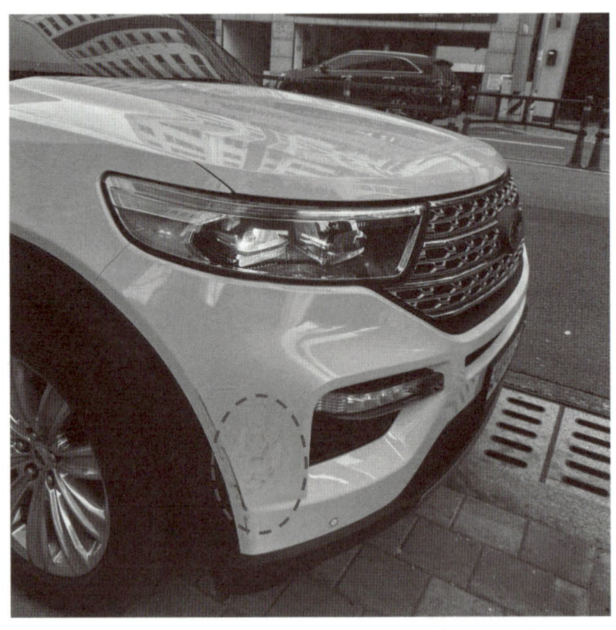

#2차량 전방 범퍼 우측부 손상흔과 손상 부위

③ #2차량 우측 전방 휠 손상 흔적과 #1차량 후방 좌측 범퍼부 손상 흔적

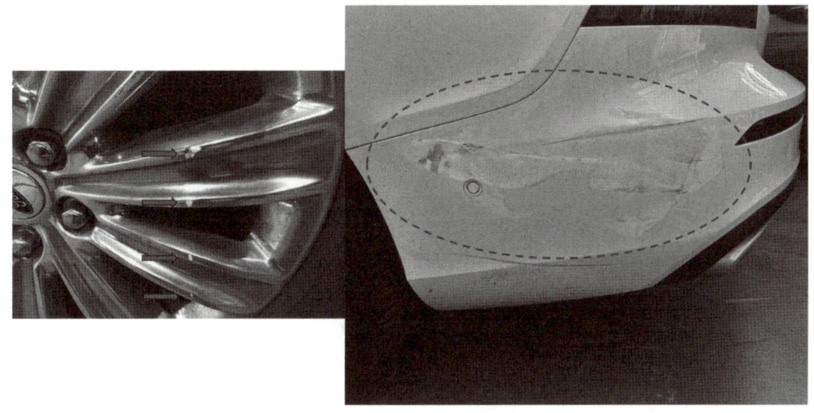

(사진 좌) #2차량의 휠 손상흔 분석: 강한 부재로 날카롭게 깎인 자국

(사진 우) #1차량 후방 범퍼 좌측 손상흔 분석: 문질러짐 자국

[참조] 유사 사고에서 타이어 휠 손상흔의 양상

본 사고와 유사한 유형의 사고인 선, 후행차량 간 진로변경 중 두 차량 간 접촉사고에서 타이어 휠 부의 손상흔은 상기 그림과 같이 타이어 휠의 회전축을 중심으로 일정한 반경으로 나타나는 것이 일반적임. 그러나 본 사고의 타이어 휠의 손상흔은(1-③ 사진 좌) 회전축과는 무관하게 일직선의 양상으로 나타나고 있음. 한편, 통상 휠에 일직선의 손상흔은 바퀴가 회전 중일 때 발생했다고 보기 어렵고 정지 중에 발생한 손상흔일 가능성이 높음.

④ #1차량 우회전 시 우측 길 가장자리에 주차된 승합차가 확인되고 #2차량 우측 전방으로 다소 앞서 #1차량이 직진 중임.

(사진 좌) #1차량이 우회전과 동시에 #2차량 후미가 확인됨

(사진 우) #1차량이 #2차량의 우측 전방으로 다소 앞서 있음

▶ 분석 결과 및 견해

1. #1차량의 진로변경으로 인해 #2차량 전방 범퍼 우측부의 경미한 접촉이 있었으나 #1차량 손상부의 문질러짐(참조: 1-③)을 볼 때 #2차량 휠의 날카로운 깎인 자국의 손상을 발생했다고 보기 어려움.

2. 상기 [참조]의 유사 사고 사례에서 보는 바와 같이 선, 후행 간 두 차량의 진로변경에 의한 접촉 사고에서 바퀴 휠 부 손상흔은 휠의 회전축을 중심으로 일정한 회전 반경의 양상으로 나타나는 것이 일반적이나 #2차량의 휠의 손상은 휠의 회전축과 무관하게 일직선의 양상을 보이고 있어 당해 접촉 사고로부터 발생했다고 보기에는 상당히 어려움.

3. #1차량이 #2차량 우측 전방으로 다소 앞서 직진 주행하고 있어(교통사고사실확인원 및 #1차량 후방블랙박스 영상) #2차량 운전자가 우측 전방에서 직진 후 진로변경 중인 #1차량을 인지하거나 식별할 수 있었을 것으로 봄이 상당함(참조: 1-④).

사례 요약

2024년 8월 2일 오후 1시 58분경 경기도 용인시 처인구 아시아나CC 클럽하우스 진입 도로에서 발생한 교통사고로 왕복 2차로 도로에서 클럽하우스로 진입하던 쌘타페(#1차량)와 맞은편에서 직진하던 이륜차(#2차량, 자전거) 간의 충돌 사고입니다.

쌘타페 차량의 블랙박스 영상과 도로 실측 결과를 활용하여 차량의 위치를 분석하였는데, 그 결과 블랙박스의 거치 위치를 고려할 때 쌘타페가 정상적인 차로 내 주행을 유지했다고 보기 어렵고, 일부 중앙선을 침범한 상태에서 주행한 것으로 판단되었습니다. 또한, 블랙박스 영상을 정상 주행 차량과 비교한 결과, 차량의 중심축이 도로 중심축과 일치하지 않고, 중앙선을 넘는 방향으로 치우쳐 있었습니다. 이는 쌘타페가 차선 내에서 주행하지 않고 중앙선을 넘어갔을 가능성이 크다는 것에 대해서 확신할 수 있었습니다.

쌘타페 운전자의 사고 회피 가능성 분석 결과, 운전자가 사고를 인지하고도 즉각적인 대응을 하지 못하였고 적절한 회피 조치를 취하지 못했을 가능성이 있는 것으로 확인되었으며 이륜차(#2차량) 운전자의 사고 회피 가능성 분석 결과 만약 쌘타페가 중앙선을 침범하지 않았다면, 충돌 지점이 차량 전방 범퍼 중앙부가 되었을 가능성을 배제하기 어렵다고 결론지었습니다.

교통사고 영상 원본
출처: 교통사고분석랩 블랩스 Youtube

발행번호	KTAC-2024-01-0020
발행일	2024. 8. 21.
발행기관	교통사고분석랩 블랩스
제출기관	경기○○동부경찰서

▶ 사고 개요

1. 사고 일시

2024년 8월 2일 13시 58분경

2. 사고 위치

경기도 용인시 처인구 아시아나CC 클럽하우스 진입 도로

3. 사고 개요

상기 왕복 2차로 도로에서 클럽하우스 방면으로 직진하던 싼타페(#1차량, 46루○○○○) 차량과 맞
은편에서 직진하던 이륜차(#2차량, 자전거)와 충돌 사고

▶ 분석 사항

1. #1차량의 중앙선 침범 여부 분석
2. #1차량 운전자의 사고 회피 가능성
3. #2차량 운전자의 사고 회피 가능성

▶ 분석 전 전제 조건

1. 조건1 : 아래 모든 시각은 #1차량 블랙박스 영상 재생 시간 기준임.
2. 조건2 : #1차량의 차로 폭은 실측 결과(2,760 ~ 2,800mm)를 이용함.

사고 현장 도로 현황

차로 폭 실측 사진

▶ 상세 분석 내용

1. #1차량 모델 및 전폭 : 싼타페 더 프라임 2018년식(전폭:1,880mm)

사고 직후 현장 사진

2018년식 산타페 제원

① #1차량은 상기와 같은 외관을 고려할 때, 2018년식 싼타페 더 프라임 차량으로 차체 중심이 도로 종축 중심으로 주행했다면 양측 간격 435mm의 간격으로 주행할 수 있음.

2. #1차량 블랙박스 거치 위치 추정

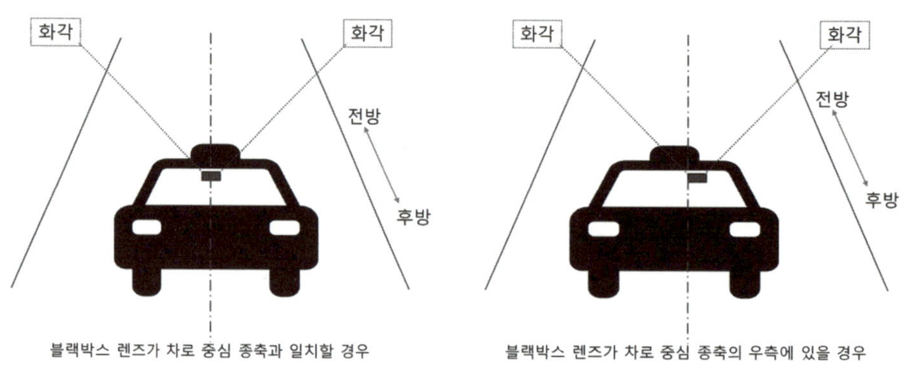

블랙박스 렌즈, 차량 중심축, 도로 중심축 비교

① 블랙박스 영상에서 해당 차량의 대시보드 센터가 블랙박스 화면의 중심축 기준 좌측에 있음을 확인할 수 있음(위 그림 참조).

② 차량이 도로 중심 종축으로 직진 주행하고 있었다고 하더라도 블랙박스가 차량의 중심에 설치되어 있었다면 차선이 화면 중심축을 기준으로 좌우 대칭으로 보이나 블랙박스가 차량 중심축에서 우측에 거치되어 있다면 차선이 좌우 비대칭으로 영상에서 차선이 좌측으로 치우쳐 보임(위 그림 참조).

③ 따라서 #1차량의 대시보드 센터 즉 차량의 중심축이 블랙박스 렌즈 중심의 좌측에 있고 영상에서 양측 차선이 양측 화면 끝에서 차선 끝선까지 길이 A, B를 비교할 때 B의 길이보다 A가 더 긴 것으로 확인되어 #1차량 블랙박스 렌즈는 차량의 중심축에서 우측에 거치된 것으로 봄이 상당함(아래 그림 참조).

#1차량 블랙박스 거치 위치 추정

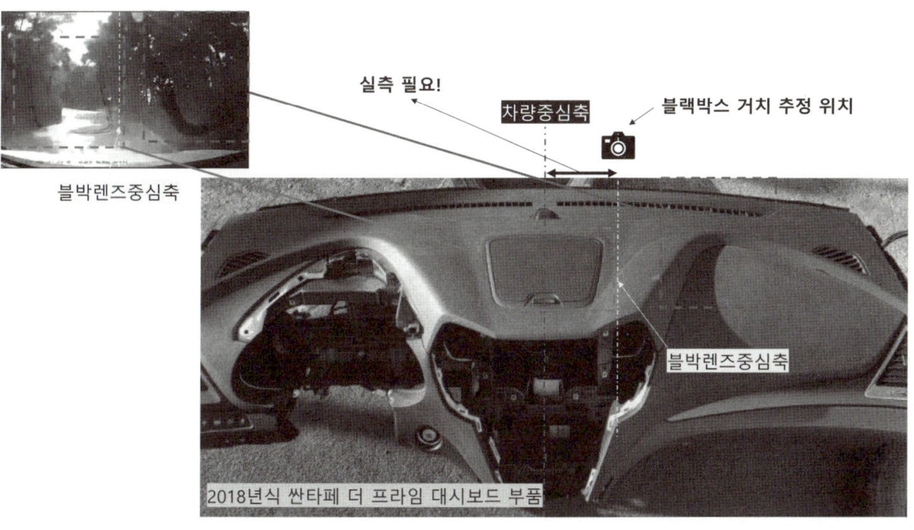

(그림 : 2018년식 싼타페 더 프라임 대시포드 부품)

3. 해당 도로 중앙선 침범 주행과 정상 주행 비교

※ 재현 차종: BMW I4 eDrive 40 2022년식, 전폭:1850mm

① 해당 도로에서 재현차량으로 정상 주행 시 좌에서 우로 "도로의 중심축", "차량의 중심축", "블랙박스 렌즈의 중심축" 순서로 확인됨.

블랙박스 렌즈, 차량, 도로의 중심축의 상대적 위치

② 해당 도로에서 재현차량으로 중앙선 침범하여 주행 시 좌에서 우로 "차량의 중심축", "블랙박스 렌즈의 중심축", "도로의 중심축" 순서로 확인됨.

블랙박스 렌즈, 차량, 도로 각 중심축의 상대적 위치

③ 해당 도로에서 #1차량의 블랙박스 영상을 보면 좌에서 우로 "차량의 중심축", "블랙박스 렌즈의 중심축", "도로의 중심축" 순서로 확인됨.

블랙박스 렌즈, 차량, 도로 각 중심축의 상대적 위치

④ 따라서 적어도 #1차량이 차로 내에서 정상적인 주행을 했다고 보기 어렵고 블랙박스 거치 위치에 따라 다를 수 있으나 추정 거치위치를 고려하면 #1차량은 중앙선을 일부 침범하여 주행한 것으로 봄이 상당함.

4. #1차량 운전자의 사고 회피 가능성

① (충돌 1.5초 전) #1차량 운전자의 시야각에 #2차량이 인지, 식별 가능했을 것으로 추정되고 좌에서 우로 차량중심 - 블박렌즈중심 - 도로 중심 순으로 유지되고 있어 중앙선 침범 주행 중으로 추정됨.

블랙박스 렌즈, 차량, 도로 각 중심축의 상대적 위치

② (충돌 1.0초 전) #1차량 운전자의 시야각에 #2차량이 명확하게 인지, 식별 가능했을 것으로 추정되고 좌에서 우로 차량중심 - 블박렌즈중심 - 도로 중심 순으로 유지되고 있어 중앙선 침범 주행 중으로 추정됨.

블랙박스 렌즈, 차량, 도로 각 중심축의 상대적 위치

③ (충돌 0.5초 전) #1차량 운전자의 시야각에 #2차량이 상당히 명확하게 인지, 식별 가능했을 것으로 추정되고 좌에서 우로 차량중심 - 도로 중심 - 블박렌즈 중심 순으로 변경되어 이 시점에

#1차량 운전자가 핸들을 우측으로 조향하기 시작한 것으로 추정됨.

블랙박스 렌즈, 차량, 도로 각 중심축의 상대적 위치와 #2차량 위치

④ (충돌 0.2초 전) 3개의 축이 좌에서 우로 도로 중심 - 차량 중심 - 블박렌즈 중심 순으로 변경되어 이 시점에 #1차량 운전자가 핸들을 우측으로 크고 급격하게 조향한 것으로 추정됨.

블랙박스 렌즈, 차량, 도로 각 중심축의 상대적 위치와 #2차량 위치

⑤ (충돌 시점) #2차량(또는 운전자)이 #1차량 전방 범퍼 좌측단에 충돌함.

사고 직후 영상

5. #2차량 운전자의 사고 회피 가능성

① (충돌 0.8초 전) #2차량이 #1차량과의 급제동과 함께 중심을 잃기 시작함.

블랙박스에 녹화된 사고 직전 #2차량 위치

② (충돌 0.5초 ~ 0.4초 전) #2차량 운전자가 핸들 방향을 좌측으로 조향하면서 우전도 되기 시작함.

블랙박스에 녹화된 사고 직전 #2차량 위치

블랙박스에 녹화된 사고 직전 #2차량 위치

▶ 분석 결과 및 견해

1. 상기 "상세 분석 내용 3-① ~ 3-③"에서 보듯, #1차량의 중심축, 블랙박스 렌즈중심축, 도로의 종
   단 중심축의 순서와 위치를 블랙박스 화면상에서 분석할 때 중앙선 침범하여 주행하다가 충돌
   0.5초 전에 이르러 핸들을 우측으로 조향한 것으로 추정되는 바, #1차량의 중앙선 침범 주행 가

능성이 상당함.

2. 상기 "상세 분석 내용 4-① ~ 4-④"에서 보듯, #1차량 운전자는 충돌 1.5초 전부터 #2차량을 인지, 식별 가능했을 것으로 추정되며 0.5초 전에서야 핸들을 우측으로 조향하는 등 사고 예방 및 회피를 위한 반응이 다소 늦은 것으로 봄이 상당함.

3. 상기 "상세 분석 내용 5-① ~ 5- ②"에서 보듯, #2차량 운전자는 충돌 1초 전까지 내리막 차로 내에서 정상 주행 중이다가 충돌 0.8초에 이르러 위험을 느껴 피하기 위해 급제동과 동시에 좌측 방향으로 앞 핸들을 조향한 것으로 보임. 그 과정에서 중심을 잃고 우전도 된 후 미끄러져 #1차량 전방 범퍼 좌측단부에 충돌한 것으로 봄이 상당함. 적어도 충돌 0.7초 내지 0.8초 전까지 #1차량이 중앙선을 침범한 상태로 주행한 것으로 추정되어 해당 시점에 #2차량 운전자는 차량과 충돌 위험을 느꼈을 것으로 추정되고 #1차량이 핸들을 우측으로 조향하지 않았다면 #1차량 전방 범퍼 중앙부와 충돌했을 가능성도 배제할 수 없음.

블랩스
교통사고조사분석랩

사례 요약

2022년 8월 13일 오후 12시 40분경 서울 강서구 내발산동의 한 교차로에서 발생한 접촉사고로 발산역에서 강서구청 방면으로 주행하던 인피니티 승용차(이하 #1차량)와 등촌주공 5단지 아파트에서 강서구민회관 방향으로 직진하던 SM5 승용차(이하 #2차량) 사이에서 발생한 사고입니다.

#1차량의 전방 블랙박스 영상을 분석하였으며, 영상은 두 구간으로 나뉘어 있습니다. 첫 번째 영상은 1분 분량이고 두 번째 영상은 20초 분량이며 분석 방법은 영상을 한 프레임씩 재생하면서 주요 상황의 이미지 캡처를 통해 신호기, 차량 주행 경로, 가속 및 제동 시점을 세밀하게 확인하는 방식으로 진행되었습니다.

분석 결과, #1차량은 정차 상태에서 출발할 때 신호기가 아직 적색이었음에도 불구하고, 앞에 정차해 있던 오토바이(이하 #3차량)를 확인한 후 좌측으로 진로를 변경해 앞지르기 주행을 하였습니다. 출발 시점은 신호가 녹색으로 바뀌기 2.5초 전으로 확인되었으며, 이후 #2차량의 경적 소리와 함께 엔진 가속음이 들리다가, 동승자의 비명 직후 제동을 시작하면서 결국 #1차량의 전방 좌측 범퍼와 #2차량의 전방 우측 범퍼가 접촉하는 사고가 발생하였습니다.

#1차량 운전자가 사고 발생 전 충분한 시야 확보가 가능했던 상황이었고 차량 내 좌측에 위치한 운전자의 시야각이 일반 블랙박스 영상에 비해 유리하여, 사고 2 ~ 3.5초 전에는 #2차량을 명확히 인지하고 식별할 수 있었던 것으로 보입니다. 그럼에도 불구하고 운전자는 즉각 제동을 하지 않고 가속 후 늦게 제동함으로써 사고가 발생한 것으로 결론지어졌습니다. 종합하면, #1차량 운전자는 사고 지점 전방에서 #2차량과 신호기를 충분히 인지할 수 있는 상황이었으나, 앞지르기 주행 도중 적절한 제동 시점을 놓치면서 충돌 사고가 발생한 것으로 분석되었습니다.

교통사고 영상 원본
출처: 교통사고분석랩 블랩스 Youtube

▶발급 정보 및 제출처

발행번호	KTAC-2024-01-0023
발행일	2024. 12. 13.
발행기관	교통사고분석랩 블랩스
제출기관	서울○○지방법원

▶ 사고 개요

1. 사고 일시

2022년 8월 13일 오후 12시 40분경

2. 사고 위치

서울 강서구 내발산동 한국음악저작권협회 앞 교차로

3. 사고 개요

서울 강서구 발산역에서 강서구청 방면으로 직진하던 인피니티 승용차(#1차량, 56모 ○○○○)와 등촌주공 5단지 아파트에서 강서구민회관 방면으로 직진하던 SM5 승용차(#2차량, 31조 ○○○○) 간 교차로 내 접촉 사고

▶ 영상 정보

구분	분량(영상 내 표시시간)	1초당 프레임 수
#1 영상	1분 분량(12시 42분 31초 ~ 12시 43분 31초)	24 fps
#2 영상	20초 분량(12시 43분 27초 ~ 12시 43분 47초)	

▶ 분석방법 및 사항

1. 분석방법 : 영상을 1개의 프레임씩 재생하여 주요 상황별 이미지 캡처

2. 분석사항 :

① 사고지점 신호기, #1차량 주행 동선, 가속, 제동 시점 분석

② #1차량 운전자의 #2차량 인지, 식별 가능성

▶ 분석 상세 내용

1. #1 영상 분석 및 음성 확인

① (26초 ~ 37초 구간) 신호대기로 정차 중인 #1차량 앞으로 오토바이(#3차량)가 앞서 정차하는 모습을 보고 운전자와 동승자가 비난하고 불쾌해함.

신호 대기로 정차 중인 #1차량

2. #2 영상 시간별 신호기, #1차량 주행 동선, 가속, 제동 여부 분석

① (0초 ~ 4.5초 구간) #1차량 정차 상태 및 전방 차량 신호기 적색등 확인됨.

신호 대기로 정차 중인 #1차량

② (4.5 ~ 7.0초 구간) #1차량이 신호기가 녹색등으로 변경되기 약 2.5초 전에 적색등 상태에서 출발한 것으로 확인됨. (※ #1차량 출발 시점 : 4.5초, 신호기 적색에서 녹색으로 변경 시점 : 7.0초)

녹색등 변경 전 출발하는 #1차량

③ (4.5초 ~ 7.5초 구간) #1차량이 4.5초경 출발하여 7.5초경 전방 #3차량 좌측으로 앞지르기 주행함.

신호기 녹색으로 변경되고 #1차량 출발

④ (9.0초경) #2차량의 경적음이 들림과 동시에 #1차량의 가속에 따른 엔진음 발생함.

#1차량이 가속하여 출발

⑤ (10.0초경) #1차량 내 동승자의 "악"하는 비명이 나온 직후 #1차량이 제동 시작함.

#1차량이 제동을 시작하는 시점

⑥ (11.0초경) #1차량 전방 좌측 범퍼와 #2차량 전방 우측 범퍼가 접촉하는 사고 발생함.

#1차량과 #2차량의 접촉사고 발생

3. #1차량 운전자의 #2차량 인지, 식별 식별 가능성

① (7.5초경) 접촉사고 3.5초 전, #1차량 운전자의 전방 시야 확보에 지장이 없는 상태이며(아래 그림), #1차량 내측 중앙에 설치된 블랙박스 장치보다 상대적으로 좌측에 있는 운전자의 시야각이 좌측 및 좌전방 시야 확보에 유리한 상황이므로 교차로 내 #2차량을 충분히 인지, 식별할 수 있는 상태로 보임.

#1차량 운전자의 시야에 #2차량이 들어왔을 것으로 추정되는 시점

② (9.0초경) 적어도 접촉사고 2초 전, #1차량을 확연히 인지, 식별할 수 있는 상태로 보임.

#1차량 운전자가 #2차량을 확연히 인지했을 것으로 추정되는 시점

▶ 분석 결과

1. #1차량이 신호대기로 정차 중에 #1차량의 우측 가장자리 여유 공간으로 앞서 진출하여 정차한 #3차량이 확인되고, #1차량이 당해 #3차량의 좌측으로 진로변경 후 다시 우측으로 조향하는 앞지르기 주행 사실이 확인됨.

2. 상기 1항에서와 같이 #1차량 전방에 정한 #3차량을 앞지르기 위하여 #1차량 운전자는 핸들을 좌측으로 조향 후 우측으로 조향하게 되고, 그 과정에서 운전자의 시선은 좌측에서 시작하여 우측 또는 우전방을 향할 수 있음.

3. 통상 교차로 통과 전 도로의 최전방 위치에 신호대기로 정차 중에는 전방 신호기 및 교차로 내의 차량을 인지, 식별하기에 시간적, 공간적으로 충분히 가능한 상황이고 차량 내측 설치된 블랙박스의 좌측에 운전자가 있으므로 보통 녹화 영상 대비 좌측 및 좌전방 시야각은 운전자에게 더 유리한 상황으로 볼 수 있음.

4. 따라서, #1차량 운전자의 시선이 좌측에서 시작하여 우측 또는 우전방을 향하였을 것으로 추정
   되고, 전방 또는 좌전방을 충분히 살필 수 있는 상황으로 봄이 상당하며 접촉사고 발생 2초 전
   교차로를 빠져나가고 있는 #2차량이 경적음을 울렸음에도 불구하고 #1차량의 엔진 가속음이 발
   생한 것으로 미루어 보아 #1차량 운전자가 즉시 제동이 아닌 가속 후 제동을 한 것으로 확인됨.

▶ 분석 견해

1. #1차량 운전자는 당해 도로 최전방에서 사고지점 교차로 내 #2차량 및 전방 신호기를 시간적,
   공간적으로 충분히 인지, 식별할 수 있었을 것으로 봄이 상당함.

2. 당해 사고지점 교차로를 빠져나가고 있는 #2차량과 충돌 가능성이 충분히 예상되고 적어도 접
   촉사고 약 3.5초 전에 #2차량을 충분히 식별하여 제동을 하는 등 피할 수 있었을 것으로 보이나
   접촉사고 발생 약 2초 전 가속 후 약 1초 전에서야 제동을 하여 발생한 접촉사고로 봄이 상당함.

사례 요약

2022년 7월 30일 오전 11시 54분경, 서울 강서구 공항대로에 위치한 남부출입국사무소 앞 교차로에서 벤츠 차량과 오토바이 간 접촉 사고가 발생했습니다.

사고 당시 벤츠 차량은 마곡역 방면에서 마곡하늬중학교 방향으로 좌회전 중이었고, 오토바이는 반대 방향인 마곡하늬중학교에서 김포공항 쪽으로 좌회전하던 중이었습니다.

사고 영상 분석에 따르면, 벤츠 차량은 신호등이 황색으로 바뀐 후 정지선을 통과했고, 약 6.5m 진행한 상태였으며 오토바이는 좌회전 신호로 바뀌고 약 0.5초 후 출발했습니다. 당시 두 차량 사이의 거리는 약 22m였고, 오토바이는 출발 후 약 9m를 2.6초간 주행해 벤츠 차량의 왼쪽 뒷문 부분에 접촉하게 되었습니다. 이때 오토바이의 평균 속도는 약 12.5km/h로 분석되었습니다.

이를 종합한 결과, 오토바이 운전자는 출발 직후 전방을 주시했을 것으로 보이며, 약 15° 각도로 우측에 위치한 벤츠 차량을 시야 내에서 충분히 인지할 수 있는 상황이었을 것으로 추정되었습니다. 만약 오토바이 운전자가 벤츠 차량을 인지하고 곧바로 제동했다면 약 3m 이내에서 정지할 수 있었고, 실제 접촉 지점이 출발 지점에서 9m 떨어져 있었던 점을 고려하면, 사고는 피할 수 있었을 가능성이 상당히 높았습니다.

결론적으로, 오토바이 운전자가 출발 직후 벤츠 차량을 충분히 인지할 수 있었고, 제동을 통해 사고를 예방할 수 있었을 것으로 결론 내린 사고입니다.

교통사고 영상 원본
출처: 교통사고분석랩 블랩스 Youtube

▶ 발급 정보 및 제출처

발행번호	KTAC-2023-01-0077
발행일	2023. 5. 12.
발행기관	교통사고분석랩 블랩스
제출기관	○○손해보험사

▶ 사고 개요

1. 사고 일시

2022년 7월 30일 11시 54분경

2. 사고 위치

서울 강서구 공항대로 서울남부출입국외국인사무소 앞 교차로

3. 사고 개요

상기 교차로에서 마곡역에서 마곡하늬중학교 방면으로 좌회전 중이던 벤츠차량(53모○○○○, #1차량)과 마곡하늬중학교에서 김포공항 방면으로 좌회전하던 오토바이(서울 강서 카○○○○, #2차량) 간 측방 접촉 사고

▶ 분석 사항

#2차량 운전자의 #1차량 인지 및 식별 가능 시점과 지점 분석

1. #1차량 운행 분석

① (40초경) 좌회전 신호 녹색등 꺼지고 황색등으로 변경됨.

교차로 신호기의 녹색등이 황색등으로 변경

② (42.4초경) 황색등 변경 2.4초 후 #1차량 정지선 통과 시작함.

교차로에 진입하는 #1차량

③ (41.2초 ~ 42.4초 구간) #1차량 순간속도는 약 37km/h임.

교차로 진입하기 직전 #1차량 속도

④ (43초경) 황색등이 꺼지는 순간 #1차량은 정지선 통과 후 6.5m에 위치함.

교차로 정지선을 통과하는 #1차량

⑤ (44초경) #2차량측 좌회전 신호 녹색등 점등 추정되고 이때 #2차량과 #1차량 간 거리는 약 24m 내외로 추정됨.

교차로 정지선 통과 후 좌회전하는 #1차량

⑥ (44.5초경) #2차량이 출발함(좌회전 신호 녹색 점등 약 0.5초 후 출발 추정). 이때 #2차량과 #1차량 간 간격은 약 22m로 추정되고 #1차량 전방부가 교차로에 진입한 상태임.

교차로 내에서 좌회전 중인 #1차량

⑦ (47.1초경) #2차량이 #1차량 좌측 뒷도어부 접촉함. 접촉사고는 #2차량 출발 지점으로부터 약 9m 떨어진 거리에서 발생. 9m를 2.6초 동안 주행하였으므로 해당 구간 #2차량의 평균속도는 약 12.5km/h(3.5m/s)로 추정됨.

#1차량과 #2차량 간 접촉사고 발생

⑧ #2차량 출발 위치, #1차량 위치, #1차량과 #2차량 접촉 위치 간 거리를 고려할 때 #2차량 운전자의 정면 기준 시야각은 약 15도로 추정됨.

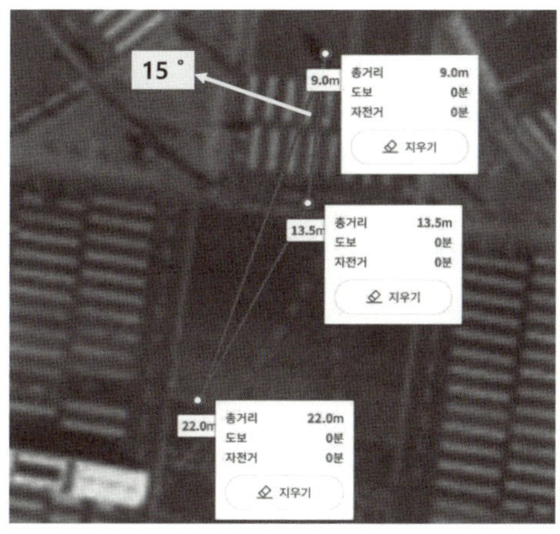

#2차량 운전자의 시야각

2. 분석 결과

① 접촉사고는 #2차량이 출발 후 2.6초 후, #1차량이 정지선을 통과 후 4.7초 후 발생함.

② #2차량 운전자는 출발 직전인 44초경까지 상향에 있는 신호등을 주시하였을 것으로 추정됨.

③ 좌회전 신호가 변경되고 0.5초 후 즉 44.5초경 #2차량은 전방으로 시야를 확보하고 출발하기 시작하였음.

④ 1-⑥항에서와 같이 #2차량 운전자는 출발 직후 전방(약 22m가량 떨어진 교차로 내 지점)을 지나고 있는 #1차량 인지, 식별 가능했을 것으로 봄이 상당함(사고지점 인근 #1차량 운전자의 시야각 범위를 방해 또는 저해하는 요소는 없음.).

⑤ #2차량이 출발 직후 #1차량이 #2차량 전방 가까이 근접하며 좌회전 중이었으므로 #2차량 운전자는 #1차량을 충분히 인지, 식별 가능했을 것으로 추정됨.

▶ 분석 결과 및 견해

1. #1차량의 추정 위치가 #2차량 운전자의 정면을(0°) 기준으로 우측으로 약 15°가량의 위치로 추정되어 통상 운전자의 시야각인 양안 120°(좌안, 우안 각 60°) 내에 존재하는 바, #1차량을 인지할 수 있었을 것으로 봄이 상당함.

2. #2차량 운전자가 출발 직후 #1차량을 인지하자마자 제동을 했다고 가정할 경우, 공주거리는 1.9m ~ 2.7m로 추정되고 제동거리는 (#2차량 추정 주행속도 10km/h 및 마른 아스팔트 노면 마찰계수 0.8 적용)약 0.5m로 추정되어 공주거리와 제동거리를 합한 정지거리는 2.4m ~ 3.2m로 추정됨. 따라서, #1차량을 인지한 후 제동했다면 적어도 출발지점으로부터 3.5m 전방에서 정지할 수 있을 것으로 보이고, 접촉사고는 출발지점으로부터 약 9m가량 전방에서 발생하였으므로 인지하자마자 제동했을 경우 접촉사고를 피할 수 있었을 것으로 봄이 상당함.

3. #2차량 운전자의 시야각과 인지 여부, 정지거리를 고려할 때 #2차량 운전자가 출발 직후 #1차량을 충분히 인지하고 제동할 수 있었을 것으로 봄이 상당함.

블랩스
교통사고조사분석랩

사례 요약

2023년 1월 12일 오후 2시 53분경, 부산 해운대구 선수촌로 119 탑마트(반여점) 앞 교차로에서 BMW 520i(#1차량)와 야마하 MX 125cc 오토바이(#2차량) 간에 정면 충돌 사고가 발생하였습니다.

사고는 비보호 좌회전 신호 구간에서 발생하였으며, #1차량은 신호등이 녹색으로 바뀌자 약 1.5초 후 교차로로 진입하여 좌회전을 시작하였고, #2차량은 약 4초 후 직진을 위해 출발하였습니다. 이로 인해 #1차량이 먼저 교차로에 진입한 시점은 #2차량보다 약 2.5초 앞선 것으로 분석됩니다.

분석 결과에 따르면, #2차량 운전자는 출발 직후부터 충돌 1초 전까지 3.3초 내지 3.5초가량 고개를 숙인 상태로 전방을 주시하지 않은 채 직진 주행한 것으로 추정됩니다. 충돌 약 0.81초 전에야 고개를 들어 전방을 확인하였고, 그 시점에서 급제동을 위해 오른팔을 움직이며 제동을 시도한 것으로 나타났습니다. 이런 움직임으로 미루어 볼 때, 운전자는 충돌 직전에야 전방 상황을 인지한 것으로 분석됩니다.

결과적으로 해당 사고는 비보호 좌회전 차량인 #1차량의 교차로 진입에 과실책임이 있는 동시에, #2차량 운전자의 현저한 전방 주시 태만, 제동 지연 등의 운전 행태에도 명백한 과실이 병존하는 것으로 판단됩니다. 특히 #2차량 운전자가 고개를 숙인 채 직진하여 제동 조작을 늦게 한 것으로 최종 확인되어 통상의 과실책임보다 더 과중하게 부담하는 결과로 이어졌습니다.

교통사고 영상 원본
출처: 교통사고분석랩 블랩스 Youtube

▶ 발급 정보 및 제출처

발행번호	KTAC-2023-01-0076
발행일	2023. 3. 2.
발행기관	교통사고분석랩 블랩스
제출기관	○○손해보험사

▶ 분석 개요

1. 사고 일시

2023년 1월 12일 14시 53분경

2. 사고 위치

부산 해운대구 선수촌로 119 탑마트(반여점) 앞 교차로

3. 사고 개요

상기 교차로에서 비보호 좌회전 중이던 BMW 520i 차량(116더○○○○, #1차량)과 맞은편 직진하던 오토바이 야마하 MX 125cc(경남창원 사 ○○○○, #2차량) 간 정면 충돌 사고

▶ 분석 사항

#1차량의 블랙박스 녹화 영상 시간별 #1차량, #2차량 주행 분석

▶ 분석 상세 내용

1. #1차량 운행 분석 내용

① (34.7초경) 신호등이 적색에서 녹색으로 변경됨.

교차로 신호등이 적색에서 녹색으로 변경되는 시점

② (36.2초경) #1차량이 신호등 녹색 변경 1.5초 후 출발함.

#1차량이 녹색 신호에 따라 출발

   블랙박스를 말하다

③ (41.2초경) #1차량이 출발 5초 후 정지함.

#1차량 앞으로 직진 중인 #2차량

④ (42.2초경) #1차량 정지 1초 후 #2차량이 #1차량 전방을 충돌함.

#2차량과 #1차량 간 전방 충돌사고 발생

2. #2차량 운행 분석 내용

① (38.7초경) #2차량이 출발함.

신호에 맞춰 출발하는 #2차량

② (41.2초경) #2차량 운전자가 고개를 들어 전방 확인함.

고개를 들어 전방을 확인하는 #2차량 운전자

③ (41.3초경) #2차량 운전자가 오른쪽 손잡이 브레이크 레버를 잡기 위해서 팔을 움직이기 시작함.

좌회전하는 #1차량 앞으로 계속 직진하는 #2차량

④ (42.0초경) #2차량 운전자가 #1차량 앞에서 미끄러지기 시작함.

미끄러지기 시작하는 #2차량

⑤ (42.0초 ~ 42.2초 구간) #2차량과 #1차량이 충돌한 것으로 추정됨.

미끄러지기 시작하는 #2차량

미끄러지며 #1차량과 충돌하는 #2차량

▶ 분석 결과

1. #2차량 운전자는 고개를 숙인 상태로 출발 후 충돌 약 1초 전까지 고개를 숙인 상태로 직진 주행함.

#2차량 운전자가 고개를 숙인 사실 판별하기 위한 헬멧 방향 분석

2. #2차량 운전자는 충돌 0.8 ~ 1초 전 고개를 들어 전방 확인 후 41.3초에서야 급제동을 위해 오른팔을 움직여 오른쪽 브레이크 레버를 잡아 제동을 시작한 것으로 추정됨.

#2차량 운전자가 스마트폰을 조작한 사실 판별

3. #1차량 운전자는 41.2초(충돌 1초 전)경 급제동한 것으로 추정됨.

#1차량 운전자의 급제동 시점

4. 참고로 #2차량 우측 차로의 오토바이는 #2차량보다 상대적으로 후방에 위치하고 있음.

#2차량과 같은 방향의 다른 오토바이 위치

5. 양측 신호기가 모두 동시(34.7초)에 적색에서 녹색으로 변경되었다는 가정하에 #1차량은 36.2
   초(신호기 변경 후 1.5초 후)에 좌회전 출발하였고 #2차량은 38.7초(신호기 변경 후 약 4초 후)

직진 출발한 것으로 추정되어 #2차량보다 약 2.5초 먼저 #1차량이 교차로 진입을 시작한 것으로 추정됨.

6. #2차량은 출발(38.7초) 후부터 충돌 0.8초 ~ 1초 전(42.0초 ~ 42.2초)까지 약 3.3초부터 3.5초까지 고개를 숙인 채로 직진한 것으로 추정됨.

▶ 분석 견해

1. 비보호 좌회전은 교차로에서 별도의 좌회전 신호를 주지 않고 직진 신호일 때 맞은편 차로에서 주행하는 차량을 방해하지 않으면서 좌회전을 허용하는 교통신호 체계를 뜻하고 이와 관련하여 '도로교통법 시행규칙'에서는"녹색 등화 시에 비보호 좌회전 표지가 있는 곳에서 좌회전할 수 있다"고 규정하고 있음.

2. 비보호 좌회전은 맞은편 차량이 있고 그 차량들의 주행에 방해가 되지 않도록 하는 것이 정상적인 주행 방법이므로 #1차량의 과실이 과중함이 상당하나, (1) #2차량 운전자가 고개를 숙인 채 전방주시 없이 출발하여 충돌 1초 전까지 직진 주행한 점, (2) #2차량 운전자가 #1차량 충돌 1초 전에야 비로소 고개를 든 점, (3) #2차량 운전자가 오른쪽 핸들 손잡이를 잡지 않은 상태였다가 (계기판 내지 거치된 스마트폰을 조작한 것으로 추정) 충돌 직전 오른쪽 팔을 움직여 제동 레버를 잡아 조작한 점 등 #2차량 운전자의 운전방법에도 현저한 소홀함이 있다고 봄이 상당함.

사례 요약

2022년 1월 3일 오후 1시 55분경, 대구광역시 달성군 구지면 과학마을로 1길 15 부근 도로에서 BMW X7 SUV(#2차량)과 동일 방향으로 주행 중이던 소나타(#1차량) 간에 운전석 문 개방으로 인해 발생한 충돌 사고입니다.

당시 #1차량은 도로 우측에 정차 중이었으며, 운전자가 운전석 문을 여는 순간에 후방에서 직진하던 #2차량과 충돌하였습니다. #2차량의 전방 블랙박스 영상을 기준으로 사고 시점을 분석한 결과, #1차량의 문이 열리기 시작한 시점은 13시 50분 59초 58이며, 충돌 시점은 13시 51분 00초 54로 확인됩니다. 즉, 문이 열리고 충돌이 발생하기까지 약 0.96초의 시간 간격이 있었습니다.

위 0.96초의 시간 동안 #2차량은 28.5km/h의 속도로 주행 중이었으며, 이를 바탕으로 계산한 바에 따르면 #1차량이 문을 열었을 당시 #2차량과의 거리는 약 7.6m로 추정됩니다. 하지만 건조한 아스팔트 노면에서 30km/h의 속도로 주행 시 정지거리가 약 10m임을 감안할 때, #2차량은 충돌을 피하기 위한 정지거리를 확보하지 못한 상태로 보았습니다.

결과적으로, 해당 사고는 정차 중이던 #1차량 운전자가 후방 상황을 제대로 확인하지 않은 채 운전석 문을 열었고, 후방에서 주행하던 #2차량은 충돌을 회피할 수 없는 상황이었다는 점에서, 사고의 주요 원인은 #1차량 운전자의 부주의한 개문 행위에 있는 것으로 결론 내렸습니다.

교통사고 영상 원본
출처: 교통사고분석랩 블랙스 Youtube

▶ 발급 정보 및 제출처

발행번호	KTAC-2022-01-0013
발행일	2022. 4. 19.
발행기관	교통사고분석랩 블랩스
제출기관	○○손해보험사

▶ 사고 개요

1. 사고 일시

2022년 1월 3일 13시 55분경

2. 사고 위치

대구광역시 달성군 구지면 과학마을로 1길 15 부근

3. 사고 개요

상기 도로에서 직진 주행하던 SUV(BMW X7, 144너○○○○, #2차량)와 동일 방면 전방 승용차(소나타, 172도○○○○, #1차량)의 운전석 개문으로 인한 충돌 사고

▶ 분석 사항

#2차량의 블랙박스 영상 분석을 통한 충돌 원인 분석

▶ 분석 상세 내용

1. #2차량 전방 블랙박스에 녹화된 #1차량 운전석 개문 시점 분석(#2차량 전방 블랙박스 녹화 영상에 녹화된 시간과 속도 기준)

① (13시 50분 59초 58) #1차량 운전자가 운전석 문을 열기 시작함.

#1차량 운전석 문이 열리기 시작하는 시점

② (13시 51분 00초 54) #2차량 우측 전방 범퍼부와 #1차량 운전석 문이 충돌함.

#1차량 운전석 문이 열려 #2차량과 충돌하는 시점

2. #1차량 개문 시점에 #2차량과 떨어진 거리 분석(#2차량 전방 블랙박스 녹화 영상에 녹화된 시간과 속도 기준)

① #1차량 개문 시점인 13시 50분 59초 58부터 13시 51분 00초까지 0.42초 동안 순간속도는 #2차량 블랙박스 영상 기준 약 29km/h, 13시 51분 00초부터 충돌 시점인 13시 51분 00초 54까지

0.54초 동안 순간속도는 약 28km/h로 확인됨. 따라서 상기 0.96초 동안 순간속도는 두 순간속도의 평균인 약 28.5km/h(또는 7.92m/s)로 추정할 수 있음. 따라서 #1차량 운전자가 운전석 문을 열자마자 #2차량 운전자가 인지했다면 충돌 시점으로부터 약 0.96초 전에 식별 가능했을 것으로 추정할 수 있음.

② 그런데 #1차량 운전자가 운전석 문을 연 시점에 #2차량과 떨어진 거리는 상기 ①항에 산정한 시간인 0.96초 동안 28.5km/h(또는 7.92m/s)의 속도로 이동한 거리를 산정하면 되므로, #1차량 운전자가 운전석 문을 열었을 시점에 #2차량과 떨어진 거리는 약 7.60m(계산식 = 0.96초 x 7.92m/s)로 산정할 수 있음.

3. 정지거리 분석 및 결과(#2차량 전방 블랙박스 녹화 영상에 녹화된 시간과 속도 기준)
① 건조한 아스팔트 노면에서 30km/h의 속도로 주행할 때 정지거리는 이론상 공주거리 6m, 제동거리 4m의 합인 약 10m로 추정됨.

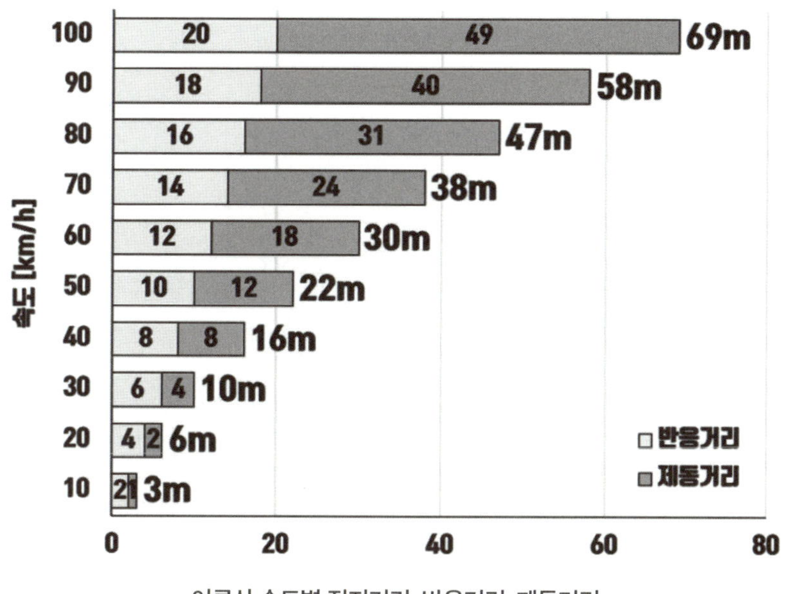

이론상 속도별 정지거리, 반응거리, 제동거리

② 한편 상기 사고는 건조한 아스팔트 노면에서 발생한 것으로 볼 수 있고 2-①에서 산정한 바와 같이 충돌 전 0.96초 동안 #2차량의 속도인 28.5km/h에서 정지거리는 9m ~ 9.5m로 추정할 수 있음.

③ 이를 고려할 때, #2차량 운전자가 #1차량의 운전석 문이 열리는 순간에 인지했다고 하더라도 그 순간에 #2차량과 #1차량 문과 떨어진 거리가 약 7.6m로 추정되므로 #2차량이 약 28.5km/h의 속도에서 신속하게 반응하여 제동했더라도 정지에 필요한 거리(9m ~ 9.5m)보다 가까웠을 것으로 추정됨.

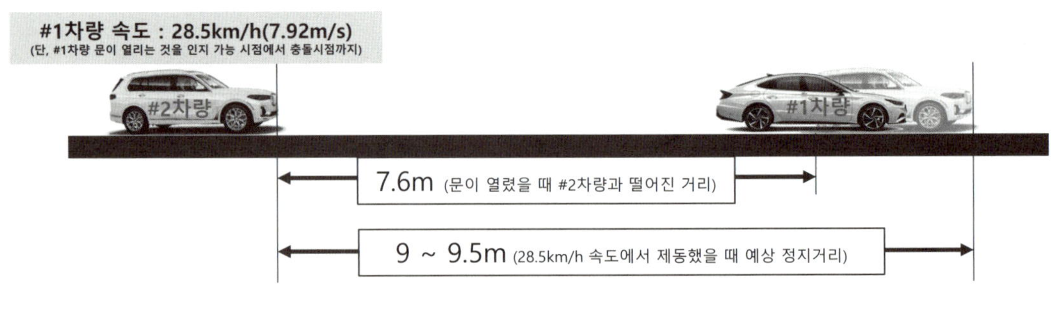

#2차량의 예상 정지거리

▶ 분석 결과 및 견해

#2차량이 #1차량의 운전석 문이 열리는 것을 식별하자마자 신속하게 반응하여 제동했더라도 #2차량의 속도에 따른 정지거리보다 #1차량 운전석 문까지 거리가 더 짧아 #2차량이 #1차량 운전석 문을 충돌할 수밖에 없었을 것으로 봄이 상당함.

사례 요약

2021년 7월 14일 오후 9시 21분경, 서울 영등포구 선유로 인근 현대24시 찜질방 사우나 앞 도로에서 쏘렌토 SUV(#1차량)와 그랜저 승용차(#2차량) 간에 차로 변경 및 상향등 점멸 여부 분석 사례입니다.

블랙박스 영상 분석 결과, #2차량은 사고 지점 인근 도로의 2차로에서 직진 주행 중이었으며, 21시 22분 44초경 #1차량의 전방 약 20 ~ 25m 지점에서 차로 변경을 시작하였습니다. 이후 2초 뒤인 21시 22분 46초경, #1차량 운전자는 상향등을 약 3회 점멸한 후 1차로에서 2차로로 차로를 변경하기 시작하였습니다.

21시 22분 50초에는 #2차량이 1차로에서 3차로로, #1차량이 2차로에서 3차로로 각각 차로를 변경하였고, 이로 인해 양 차량은 동일한 3차로 상에서 나란히 위치하게 되었습니다.

분석 결과에 따르면, #2차량이 차로를 변경할 당시 #1차량과의 차간 거리는 중형차 3 ~ 4대 정도로 추정되며, 당시 도로 주변은 차량 통행이 잦고 야간이었으나 가로등이 있어 기본적인 가시거리는 확보된 상황이었습니다.

그러나 #1차량 운전자가 차로를 변경하기 직전 수차례에 걸쳐 상향등을 점등한 것은, 단순히 전방 시야 확보를 위한 정당한 등화 조작으로 보기 어렵고, #2차량 운전자의 시야에 자극을 주었을 가능성이 있으며 주행에 방해가 되었을 수 있었을 것으로 추정되었습니다.

결론적으로, #1차량 운전자의 반복된 상향등 점멸은 야간 운전 중이던 #2차량 운전자에게 불쾌감이나 순간적인 시야 확보 곤란을 야기했을 가능성이 존재하며, 해당 행위는 불필요한 등화 조작으로 간주될 수 있었을 것으로 보았습니다.

교통사고 영상 원본
출처: 교통사고분석랩 블랩스 Youtube

▶ 발급 정보 및 제출처

발행번호	KTAC-2022-01-0003
발행일	2022. 3. 29.
발행기관	교통사고분석랩 블랩스
제출기관	○○손해보험사

▶ 사고 개요

1. 사건 일시

2021년 7월 14일 21시 21분경

2. 사건 위치

서울 영등포구 소재 노상부터 동일 구 선유로 현대24시 찜질방 사우나 앞 도로 인근

3. 분석 개요

상기 도로에서 직진 주행하던 SUV(쏘렌토, 100서○○○○, #1차량)와 동일 방면 승용차(그랜저, 58 거○○○○, #2차량)의 운행 분석

▶ 분석 사항

#2차량의 차로 변경 직후에 발생한 #1차량 운전자의 상향등 점멸 조작의 필요성에 대한 분석

1. #1차량과 #2차량 주행 분석 : #1차량 블랙박스 녹화 영상에 표시된 시간 기준 21. 7. 14. 21시 22분 42초

　~ 21시 22분 50초까지 약 8초간 영상 분석

① (21시 22분 42초) 상기 위치 인근에 #2차량이 #1차량 우측 2차로에서 직진 주행 중이었음.

#1차량 우측 전방에 직진 중인 #2차량

② (21시 22분 44초) #2차량이 #1차량 전방 약 20 ~ 25m 부근에서 차로를 변경하기 시작하였음.

차로를 변경하기 시작하는 #2차량

③ (21시 22분 46초) #1차량 운전자가 상향등을 약 3회 점멸 후 1차로에서 2차로로 변경하기 시
  작함.

#1차량이 상향등을 점멸하는 시점

④ (21시 22분 50초) #2차량은 1차로에서 3차로로 차로를 변경하였고, #1차량은 2차로에서 3차로
  로 진로를 변경하였음.

#1차량 전방으로 다시 차로를 변경하는 #2차량

▶ **분석 결과 및 견해**

1. 상기 분석 내용 1-②에서 보는 바와 같이 #2차량이 #1차량의 전방에서 차로를 변경을 한 사실이 확인되고 이때 두 차량 간 거리는 약 20 ~ 25m 정도로 중형 승용차 3 ~ 4대가 들어갈 정도의 간격으로 떨어져 있었을 것으로 추정됨.

2. 상기 분석 내용 1-③에서 보는 바와 같이 #2차량이 #1차량의 전방으로 진로를 변경한 직후 #1차량 운전자가 상향등을 연속해서 수차례 점멸한 것으로 확인되는데, 이는 전방에 진로를 변경한 #2차량 운전자를 향하여 조작하였을 것으로 봄이 상당하고 #2차량이 차로를 변경했을 무렵 #1차량과 떨어진 차간 거리, 당시 주변 밝기와 빈번한 차량 통행 등을 고려할 때 해당 상황에서 수차례의 상향등 점멸이 필요한 등화 조작이었다고 보기에는 상당히 어려움이 있음.

3. #1차량 운전자의 수차례의 상향등 점등으로 인해 발생한 강한 불빛이 전방에 주행 중이던 #2차량 운전자의 시야에 자극이 되었을 것으로 보이고 #2차량 운전자의 정상적 차량 운행에 방해하는 요소로 작용했을 것으로 추정됨(아래 참조).

[참조] 야간에 운전자가 운전할 때 등화 조작에 대하여 규정하고 있는 도로교통법 시행령 제20조
제20조 (마주보고 진행하는 경우 등의 등화 조작)
① 법 제37조제2항에 따라 모든 차 또는 노면전차의 운전자는 밤에 운행할 때에는 다음 각 호의 방법으로 등화를 조작하여야 한다. [개정 2019.3.26]
  1. 서로 마주보고 진행할 때에는 전조등의 밝기를 줄이거나 불빛의 방향을 아래로 향하게 하거나 잠시 전조등을 끌 것. 다만, 도로의 상황으로 보아 마주보고 진행하는 차 또는 노면전차의 교통을 방해할 우려가 없는 경우에는 그러하지 아니하다.
  2. 앞의 차 또는 노면전차의 바로 뒤를 따라갈 때에는 전조등 불빛의 방향을 아래로 향하게 하고, 전조등 불빛의 밝기를 함부로 조작하여 앞의 차 또는 노면전차의 운전을 방해하지 아니할 것
② 모든 차 또는 노면전차의 운전자는 교통이 빈번한 곳에서 운행할 때에는 전조등 불빛의 방향을 계속 아래로 유지하여야 한다. 다만, 시·도경찰청장이 교통의 안전과 원활한 소통을 확보하기 위하여 필요하다고 인정하여 지정한 지역에서는 그러하지 아니하다. [개

정 2019.3.26, 2020.12.31 제31349호(자치경찰사무와 시·도자치경찰위원회의 조직 및 운영 등에 관한 규정)]
[전문개정 2013.6.28] [[시행일 2013.12.29]]

4. 결과적으로 #1차량 운전자가 수차례 점등한 상향등으로 인해 발생한 강한 불빛은 야간에 운전 중이었던 #2차량 운전자의 시야에 방해를 일으켰을 것으로 보이고 이로 인하여 #2차량 운전자가 상당히 불쾌함을 느꼈거나 혹은 순간적으로 시야 확보에 어려움을 느꼈을 것으로 추정됨. 이에 상향등을 수차례 점등하였던 #1차량 운전자의 불필요한 등화 조작 행위도 함께 고려함이 상당하다고 봄.

사례 요약

2017년 3월 27일 오전 12시 47분경, 인천광역시 부평구 구산동의 자동차 운전 전문학원 앞 도로에서 벤츠 차량과 SM5 차량 간 접촉사고가 발생하였습니다. 사고는 편도 5차로, 왕복 8차로의 직선 도로에서 일어났으며, 사고 당일 기상 및 노면 상태는 특이사항 없이 양호하였습니다.

당시 벤츠 차량은 3차로에서 서행 중이었고, SM5 차량은 4차로에서 주행하다가 차로 변경을 시도하던 중이었습니다. 블랙박스 영상 분석에 따르면, SM5 차량은 사고 약 1초 전부터 4차로에서 3차로로 진입을 시작하였으며, 약 7초 후 벤츠 차량과 충돌하였습니다. 해당 영상에서는 두 차량 모두 저속으로 주행 중이었고, SM5 차량은 방향지시등을 켜지 않은 상태였습니다.

통상적으로 이와 같은 상황, 즉 선행 차량이 차로를 변경하다 후행 차량과 충돌한 경우, 손해보험협회에서 제공하는 과실비율 정보포털에서는 선행 차량에게는 측후방 주시 태만 등의 사유로 70%, 후행 차량에게는 전방 주시 태만 등의 사유로 30%의 과실책임을 제시합니다. 한편, SM5 차량의 방향지시등 미점등, 벤츠 차량 운전자의 휴대폰 조작 등 각각의 운전자 부주의 요소가 확인되어 개별적으로 과실책임을 가중할 요소도 존재합니다.

결과적으로 사고 정황상 벤츠 차량 운전자의 고의성을 인정하기는 어렵고, 오히려 차로 변경 중 주의의무를 다하지 않은 SM5 차량 운전자의 과실 여부에 대한 판단이 더 필요한 것으로 결론 내렸습니다.

교통사고 영상 원본
출처: 교통사고분석랩 블랩스 Youtube

▶ 발급 정보 및 제출처

발행번호	KTAC-2021-01-0016
발행일	2019. 4. 21.
발행기관	교통사고분석랩 블랩스
제출기관	○○지방법원

▶ 사고 개요

1. 사고 일시

2017년 3월 27일 오전 12시 47분경

2. 사고 지점

인천광역시 부평구 구산동 자동차 운전 전문학원 앞 도로

3. 사고 발생 개요

상기 사고는 2017년 3월 27일 오전 12시 47분경 벤츠(15구○○○○) 차량이 해당 도로에서 우측 전방 SM5(35버○○○○) 차량과 부딪힌 사고임.

직진 중인 차량

▶ 분석 사항

벤츠 차량의 고의성 여부 분석

▶ 분석 상세 내용

1. 사고 현장

① 도로선형 및 현황

해당 도로는 경사도, 구배가 거의 없는 직선형 도로임.

② 노면(기상상태 포함)

상기 도로 노면 상태는 특이사항 없었고, 사고 당일 기상상태도 특이사항 없었음.

③ 차로 현황

상기 사고 발생지점 도로는 편도 5차로, 반대편도 3차로로 구성된 왕복 8차로 도임.

사고 발생지점 도로현황

④ 신호기, 주요 안전표지 등

- 상기 사고발생 지점 전후방 부근에는 별도의 표지판은 파악되지 않고 진행방향별 통행구분 표지판이 있었던 것으로 파악됨(아래 그림 참조).
- 차로 통행구분은 1차로는 좌회전/유턴, 2차로는 좌회전, 3차로는 직전/좌회전, 4차로는 직진, 5차로는 우회전임.
- 상기 도로는 제한속도 시속 60km/h 도로임.

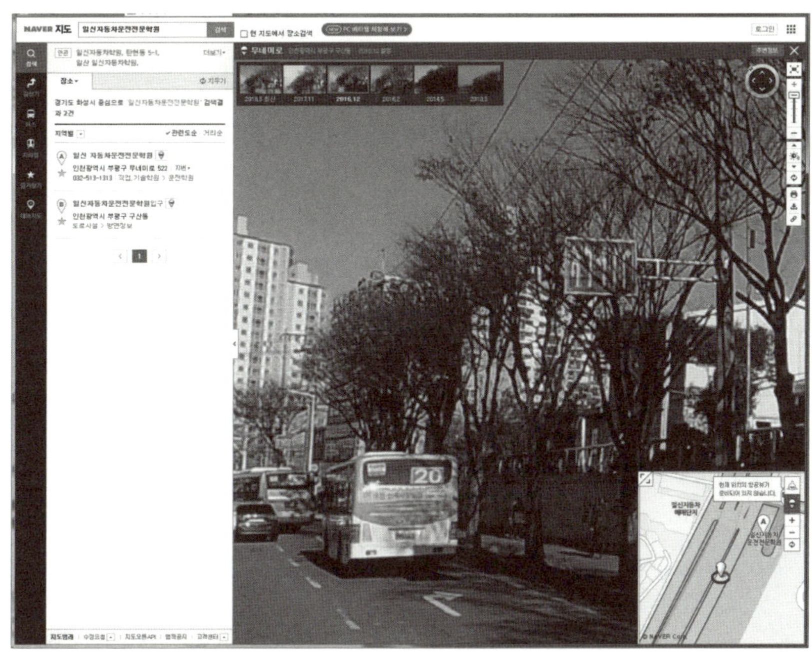

사고 발생지점 도로교통표지판

▶ 분석 결과 및 견해

1. 두 차량의 정확한 주행속도는 파악되지 않으나 상기 사고 직전 벤츠 차량은 전방의 SUV차량, 우측 전방의 SM5 차량을 인지할 수 있었고, 정체 중이었기 때문에 저속 주행 중이었음. SM5 차량도 전방 정체 중인 차량으로 인해 저속으로 주행한 것으로 파악됨(참조:벤츠 차량 블랙박스 간접촬영 영상).

2. 상기 사고로 벤츠 차량의 우측 전방 휀더, 우측 도어, 우측 후방 휀더 부의 파손 및 스크래치가 발생했고, SM5 차량은 좌측 도어, 좌측 전방 휀더부 등의 파손 및 스크래치 등의 손상이 발생한 것으로 추정됨.

3. 사고 직전 벤츠 차량은 3차로에서 전방 SUV 차량 후미를 따라 서행 중이었고, SM5 차량은 우측 전방 4차로에 서행 중이었음. SM5 차량은 벤츠 차량 블랙박스 녹화 영상 간접촬영 영상 기준으로 약 1초경부터 4차로에서 3차로로 차로를 변경하기 시작했고, 약 7초경 두 차량이 충돌한 것으로 추정됨.

4. 벤츠 차량 블랙박스 녹화 영상의 간접촬영 영상에서 보는 바와 같이 두 차량 모두 상당히 저속으로 주행하였던 것으로 파악되고, SM5 차량은 차로 변경 시 좌측 방향지시등을 점멸하지 않은 것이 확인됨.

5. 이와 같은 선행 차량이 차로 변경 중 기존 차로에 주행 중인 후행 차량과 부딪힌 사고의 경우 손해보험협회 과실비율 정보포털에서는 통상적으로 차로를 변경하려는 선행 차량에게 측후방 주시 태만 등의 사유로 과실 70%, 후행 직진차량에게는 전방 주시 태만 등의 사유로 30%의 과실비율을 제시하고 있음.

6. 따라서 상기와 같은 충돌사고에서 전방 주시 태만의 과실이 있는 것으로 추정되는 벤츠 차량의 운전자에게 고의성이 있다고 보기에는 어려움이 상당하고, 차로 변경 시 측후방 주시 태만 및 방향지시등 미점등 과실이 있는 것으로 추정되는 SM5 차량 운전자에 대한 고의성 여부 판단이 필요하다고 봄이 상당함.

블랩스
교통사고조사분석랩

사례 요약

2016년 6월 14일 오후 10시 43분경, 인천광역시 계양구 작전동 주부토로 413번길 코오롱 아파트 앞 도로에서 BMW 차량과 마티즈 차량 간의 교행 중 접촉사고가 발생하였습니다. 사고 현장은 폭 9m 미만의 직선형 이면도로였으며, 양측 도로에 주차 차량이 다수 존재해 실제 주행 가능 폭은 약 4 ~ 4.5m 수준으로 좁았습니다.

블랙박스 간접 영상 분석에 따르면 두 차량은 사고 직전 서로를 인지한 이후 각각 저속으로 서행하며 교행을 시도하였습니다. 마티즈 차량은 약 4초 지점에서 BMW 차량의 라이트를 인지하고, 약 7초경 핸들을 우측으로 조향한 후 서행하다 약 13초경에 정지하였으며, BMW 차량도 마찬가지로 마티즈를 인지한 뒤 약 15초경 도로 우측 가장자리에서 정지한 것으로 나타났습니다.

사고 결과 BMW 차량 좌측 전방 범퍼와 마티즈 차량 좌측 후방 타이어 휀더 부위에 스크래치가 발생한 것으로 보이며, 두 차량의 제원상 교행을 위해 필요한 폭은 약 3.8 ~ 3.9m였던 점에 비추어 보아 물리적으로는 교행이 가능한 조건이었습니다.

종합적으로, 사고는 야간이라는 시간적 조건과 도로 가장자리 주차 차량들로 인한 시야 방해, 협소한 도로폭 등 복합적인 요인 속에서 발생한 것으로 판단되며, 양 차량 모두 사고를 방지하기 위한 노력을 다한 정황이 존재합니다. 이에 따라 해당 사고에 대해 운전자의 고의성을 인정하기는 어려우며, 명백한 과실에 의한 충돌이라고 단정 짓기도 힘든 것으로 결론지었습니다.

교통사고 영상 원본
출처: 교통사고분석랩 블랙스 Youtube

▶ 발급 정보 및 제출처

발행번호	KTAC-2021-01-0016
발행일	2019. 4. 21.
발행기관	교통사고분석랩 블랩스
제출기관	○○지방법원

▶ 사고 개요

1. 사고 일시

2016년 6월 14일 오후 8시 43분경

2. 사고 지점

인천광역시 계양구 작전동 주부토로 413번길 코오롱 아파트 앞 도로

3. 사고 발생 개요

상기 사고는 2016년 6월 14일 오후 22시 43분경 BMW(49구○○○○) 차량이 해당 도로에서 마주 오는 마티즈(21로○○○○) 차량과 부딪힌 사고임.

좁은 도로에서 교행 중인 두 차량

▶ 분석 사항

BMW 차량의 고의 사고 유발 가능성 분석

▶ 분석 상세 내용

1. 사고 현장

① 도로선형 및 현황

상기 사고 발생지점 도로는 약 9m 미만의 직선형 생활도로이고 한쪽 측면에 주차구역이 설정되어 있음. 사고 당시 블랙박스 영상을 볼 때 해당 도로 좌우측에 주차된 차량으로 인해 실제 통과 가능한 도로 폭이 약 4 ~ 4.5m 수준이었을 것으로 추정됨.

② 노면(기상상태 포함)

상기 도로 노면 상태는 특이사항 없었고, 사고 당일 기상상태도 특이사항 없었음.

③ 차로 현황

상기 사고발생 도로는 차도, 보도 등이 명확히 구분이 없는 이면도로로 즉, 생활도로임.

사고 발생지점 도로현황

④ 신호기, 주요 안전표지 등

상기 사고발생 지점 전후방 부근에는 별도의 표지판은 파악되지 않음.

2. 사고 차량 속도 분석

두 차량의 정확한 주행속도는 파악되지 않으나 상기 사고 직전 마티즈 차량은 전방의 BMW 차량을 인지한 후 제동한 이후 저속 주행하였고, BMW 차량도 마티즈 차량을 인지한 후 저속으로 주행한 것으로 파악됨.

3. 사고 결과

상기 사고로 BMW 차량의 좌측 전방 범퍼 좌측면과 마티즈 차량 좌측 후방 타이어 부근 휀더부에 스크래치 등 발생된 것으로 판단됨.

▶ 분석 결과 및 견해

1. 해당 사고차량 제원에 따르면 BMW 차량의 전폭(사이드 미러를 제외한 상태에서 기본 부착물을 포함한 상태로 수평면에 놓여진 차체 좌우 끝단 사이의 너비)은 약 1.86m, 양측 사이드미러를 포함한 폭은 약 2.1m 임. 마티즈 차량의 전폭은 약 1.6m, 양측 사이드미러를 포함한 폭은 정확하게 파악되지 않으나 약 1.7 ~ 1.8m 수준으로 추정되어 두 차량 간 안전한 교행이 가능하려면 최소 3.8 ~ 3.9m가량의 폭이 필요했을 것으로 판단됨.

2. 마티즈 차량 블랙박스 간접촬영 영상을 보면 사고 당시 도로 양측 주차 차량으로 차량 주행 폭이 상당히 좁은 상태로 약 4 ~ 4.5m 수준의 주행 가능한 도로 폭이 확보 되었을 것으로 추정되고 사고 발생 시점도 야간으로 운전자의 시야 확보가 쉽지 않은 상황이었을 것으로 추정됨.

3. 마티즈 차량 블랙박스 간접촬영 영상에서 보는 바와 같이 두 차량 모두 상당히 짧은 이동 거리를 저속으로 교행했던 것으로 파악됨. 그 근거는 마티즈 차량은 약 4초경 BMW 차량의 헤드라이트를 인지하였을 것으로 추정되고 BMW 차량과 교행하기 위하여 약 7초경 도로 우측 가장자리로 핸들을 조향한 뒤 서행하였으며 약 6초 후인 약 13초경 정지한 것으로 파악되고, BMW 차량은

약 4초경 마티즈 차량 인지했을 것으로 추정되고 그 이후에는 도로의 우측 가장자리로 핸들을 조향 및 서행하였으며 약 15초경 정지한 것으로 파악됨.

4. 상기 분석 결과를 고려할 때 (1) 사고 발생 시점이 야간이었던 점, (2) 도로의 양 가장자리 주차 차량으로 차로 폭이 좁아져 두 차량 간 상당히 근접한 교행이 가능할 수밖에 없었던 점, (3) 두 차량이 최대한 근접하여 교행 시 현저한 서행을 했던 점 등 사고를 방지하기 위한 노력을 게을리 했다고 보기는 어려움이 있고 운전자의 고의성 있다고 보기에도 어려움이 상당함.

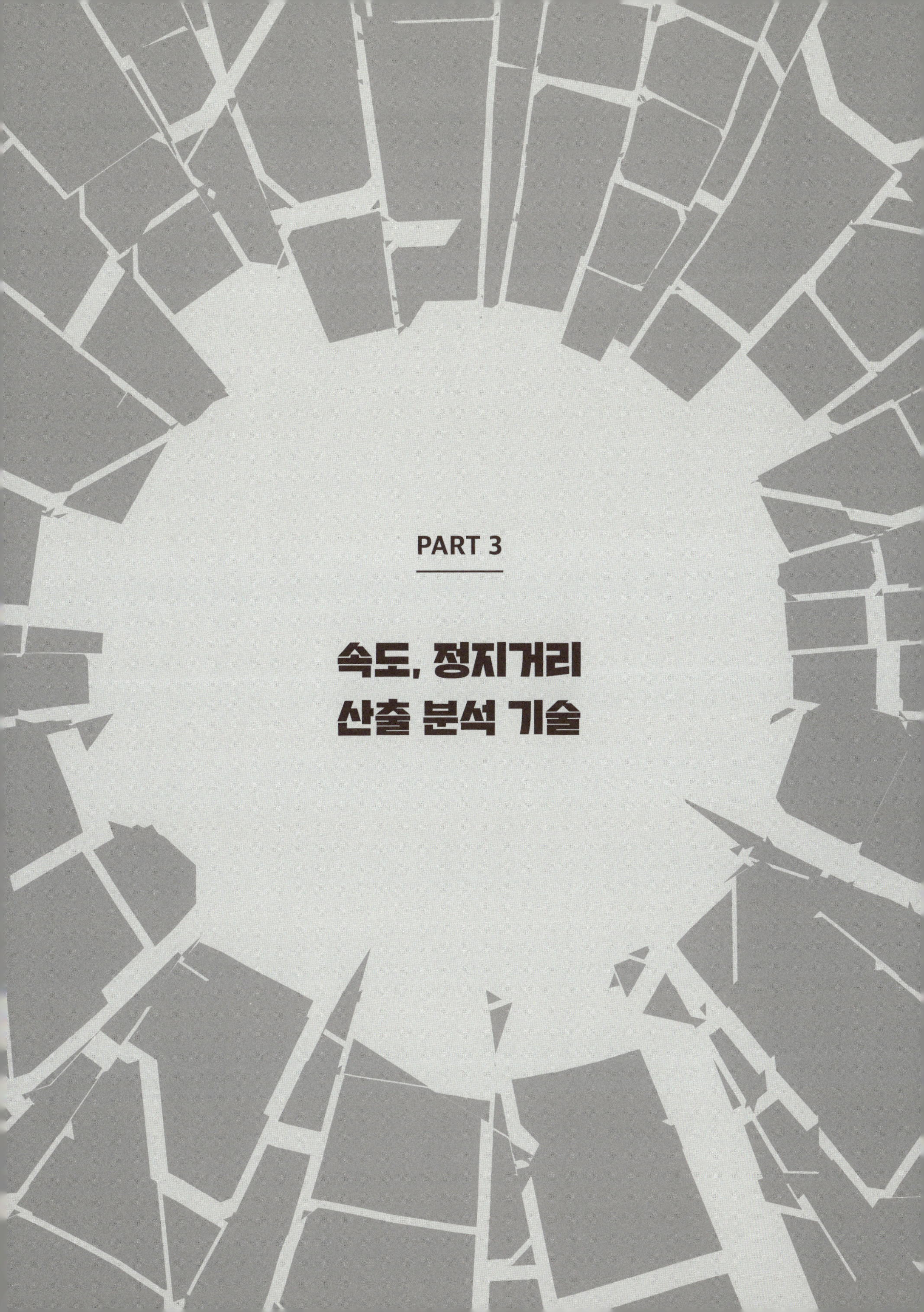

속도, 정지거리 산출 분석 기술

선·후행 차량의 측방 충돌 전 해당 차로에 대한 선진입 여부 및 속도 분석

사례 요약

2021년 11월 8일 새벽 서울 강동구 고덕로에서 일어난 추돌 교통사고에 대한 분석 결과입니다.

이 사고는 선행 개인택시와 후행 이륜차가 충돌한 것으로, CCTV 녹화 영상을 프레임별로 쪼개어 각 차량의 동선을 정밀 분석하였습니다.

분석 결과, 선행하던 택시가 먼저 1차로로 진입을 시작한 후 동일한 차로에 후진입한 이륜차와 약 2초 후 충돌이 발생한 것으로 추정되었습니다.

이 분석에서는 이륜차의 속도가 중요한 요소였는데, 충돌 직전 속도가 36km/h까지 낮아지긴 했지만 그 직전에는 해당 도로의 제한 속도인 50km/h를 초과하는 속도로 달렸던 것으로 추정됩니다. 그러나 CCTV 영상의 해상도가 낮아 한계가 있으며 추가 정보가 제공될 경우 분석 결과가 달라질 수 있으므로 최종 결론을 내리기에는 현장재현 등이 요구됩니다.

교통사고 영상 원본
출처: 교통사고분석랩 블랩스 Youtube

발행번호	KTAC-2025-01-0002
발행일	2025. 1. 3.
발행기관	교통사고분석랩 블랩스
제출기관	서울〇〇지방법원

▶ 사고 개요

1. 사고 일시

2021년 11월 8일 오전 5시 37분경

2. 사고 위치

서울 강동구 고덕로 399 앞 도로

3. 사고 개요

서울 강서구 고덕로 고덕 이마트에서 상일역 방면으로 직진하다가 진로변경한 개인택시(#1차량, 쏘나타, 서울 32사 〇〇〇〇)와 동일한 방면으로 후행 직진하던 이륜차(#2차량, 서울 강동 아〇〇〇 〇) 간 측방 충돌 사고

▶ 영상 정보

사고기록이 녹화된 CCTV 재생 영상을 촬영한 영상

▶ 분석 사항 및 목적

분석방법	상기 영상을 프레임별로 정밀 분석하여 두 차량의 동선을 분석하고, 국토교통부 제공 위성촬영 맵을 활용한 속도 분석
분석목적	상기 두 차량 충돌사고의 원인 분석
분석사항	1. #1차량과 #2차량의 충돌 전 1차로 선진입 여부 2. #2차량의 순간속도 분석

▶ 사고지점 도로 선형

1. 도로 선형 : 해당 사고지점 인근 교차로 정지선으로부터 후방 50m 구간은 직선 구간으로 볼 수
   있고 해당 백색 차선 위로 기준선을 아래와 같이 그을 수 있음.

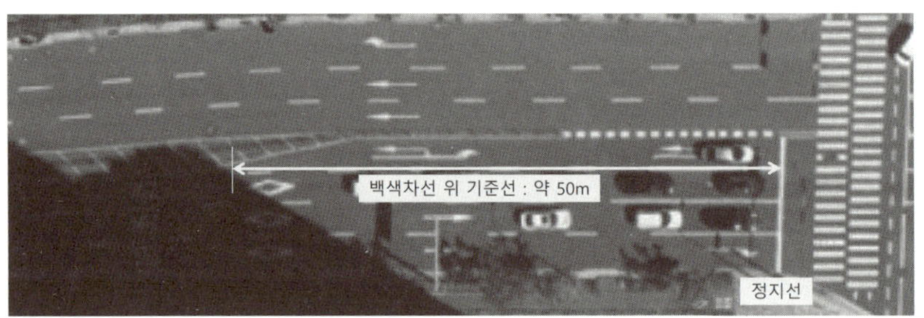

백색 차선 위로 그은 기준선

▶ 분석 상세 내용

1. #1차량과 #2차량의 1차로 선진입 분석

① (18.0초경 - 충돌 2초 전) #1차량 전방 좌측 바퀴가 임의의 백색 차선 기준선 아래로 내려온 것으로
   보이는 바, #1차량은 이 시점부터 백색차선을 넘어가기 시작한 것으로 추정되고, #2차량은 명확하
   진 않으나 동일 기준선을 침범한 것으로 보이지 않아, 2차로 안에서 주행했을 것으로 추정됨.

사고지점 도로의 1차로 기준선

1차로 기준선을 침범한 택시의 좌측 전방 바퀴

1차로 기준선을 침범하지 않은 오토바이

② (18.5초경 - 충돌 1.5초 전) #1차량의 전방 좌측 바퀴가 백색 차선을 넘어 1차로에 진입한 것으로 보이고 이때 #2차량은 명확하진 않으나 백색 차선 기준선을 넘어가기 직전으로 추정됨.

충돌 직전 택시와 오토바이의 상대적 위치

1차로 기준선을 넘어 진로를 변경하기 시작하는 택시

1차로 기준선을 따라 주행 중인 오토바이

③ (19.0초경 - 충돌 1초 전) #1차량은 1차로에 진입하여 진로를 변경하고 있는 것이 확인되고 #2차량은 동일한 1차로에 진입하여 직진하고 있는 것으로 추정됨.

1차로 기준선을 침범하여 진로 변경 중인 택시와 후행 오토바이

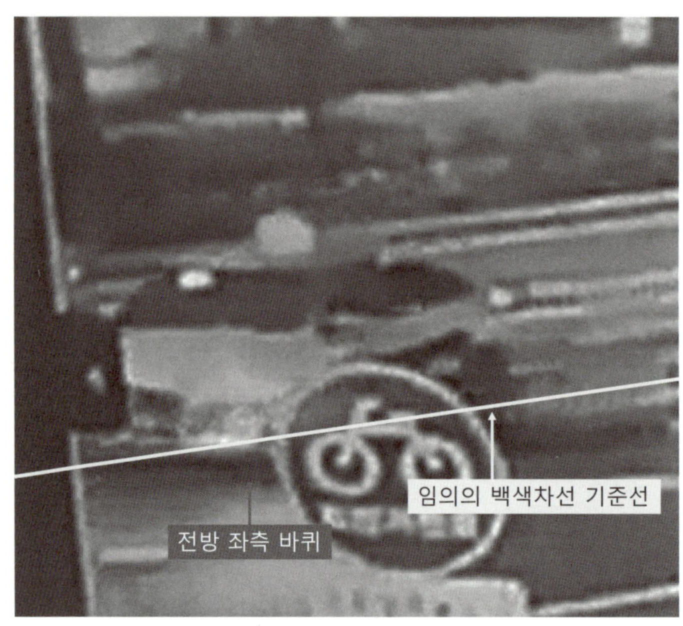

1차로 기준선을 침범하여 진로 변경 중인 택시

1차로 기준선 아래로 진입하여 직진 중인 오토바이

④ (19.9초경 - 충돌 0.1초 전) 두 차량 모두 1차로 내 진입한 상태이며, #1차량은 유턴 구역에서 진로를 변경 중이고 #2차량은 직진 중으로 확인됨.

진로변경 중인 택시와 충돌하기 직전 오토바이 위치

2. #2차량의 순간속도 분석

① (17.4초 ~ 18.4초 구간) #2차량의 #1차량 진로변경 인지 가능 구간으로 무단횡단 금지 가이드 폴(Pole)의 위치를 기준으로 속도를 추정하면, 순간속도 약 64km/h로 추정됨.

오토바이의 순간속도 추정을 위한 가이드 폴 기준 위치

오토바이의 순간속도 추정을 위한 가이드 폴 기준 위치

② (18.4초 ~ 19.4초 구간) 무단횡단 금지 가이드 폴(Pole)의 위치를 기준으로 속도를 추정하면, #2 차량의 순간속도 약 54km/h로 추정됨.

오토바이의 순간속도 추정을 위한 가이드 폴 기준 위치

오토바이의 순간속도 추정을 위한 가이드 폴 기준 위치

③ (19.4초 ~ 20.1초 구간) 무단횡단 금지 가이드 폴(Pole)의 위치를 기준으로 해당 구간 순간속도
를 추정하면, 약 36km/h로 추정됨.

오토바이의 순간속도 추정을 위한 가이드 폴 기준 위치

오토바이의 순간속도 추정을 위한 가이드 폴 기준 위치

▶ 분석 결과 및 견해

1. #1차량은 충돌 약 2초 전부터 백색 차선을 넘어 1차로에 진입한 것으로 보이고, 이륜차인 #2차량은 #1차량보다 약 1초 후 즉, 충돌 약 1초 전부터 동일 백색 차선을 넘어 해당 1차로에 진입한 것으로 추정됨. 따라서 #1차량이 #2차량보다 백색 차선을 약 1초 먼저 넘어 1차로에 선진입한 것으로 추정됨.

2. #2차량의 순간속도는 충돌 2.7초 전(17.4초 ~ 18.4초 구간) 64km/h, 1.7초 전(18.4초 ~ 19.4초 구간) 54km/h, 0.7초 전(19.4초 ~ 20.1초 구간) 36km/h로 추정됨. 해당 구간 도로 제한속도 50km/h 대비 #2차량의 순간속도는 최대 14km/h를 초과한 것으로 추정됨.

구간(초)	순간속도(km/h)	구간별 상황(추정)
17.4 ~ 18.4	64	택시의 차로변경인지 가능 시점
18.4 ~ 19.4	54	차로변경 인지후 오토바이의 감속
19.4 ~ 20.1	36	충돌 직전 순간 속도

사례 요약

2024년 5월 15일 오후 3시 18분경, 경상북도 의성군 금성면 청로리 청로교 교량 위 약 60m 지점에서 승용차(#1차량, 더 뉴 그랜저 IG)와 승합차(#2차량, 스타리아) 사이에 후미추돌 사고가 발생했습니다.

사고 당시 #1차량이 지나간 교차로의 신호는 황색점멸 상태였으며, 해당 구간의 제한속도는 시속 40km임에도 불구하고 약 시속 50km로 주행한 것으로 분석되었습니다. 이 차량은 교차로에서 서행하거나 일시정지를 하지 않았고, 이후 약 200미터에 걸쳐 중앙선(이중 황색실선)과 안전지대를 반복적으로 침범하면서 반대 차로로 주행하였습니다.

#1차량은 #2차량의 후방에서 점점 좌측으로 접근하였고, 이후 좌측 전방까지 계속해서 근접 주행한 것으로 분석됩니다. 이 과정에서 #1차량은 중앙선을 침범한 채로 무리하게 앞지르기를 시도하였고, #2차량의 전방으로 들어선 뒤 별다른 사유 없이 감속 및 급제동을 시도하였고 그 결과, 두 차량 사이의 짧은 차간 거리(약 2~3미터)로 인해 후미추돌 사고가 발생한 것으로 분석되었습니다.

결론적으로, 본 사고는 #1차량이 안전운전의무를 위반하여 중앙선 및 안전지대를 침범하고, 무리한 추월과 불필요한 급제동을 한 데서 비롯된 것으로 판단됩니다.

교통사고 영상 원본
출처: 교통사고분석랩 블랩스 Youtube

▶ 발급 정보 및 제출처

발행번호	KTAC-2024-01-0016
발행일	2024. 7. 11.
발행기관	교통사고분석랩 블랙스
제출기관	○○ 보험회사

▶ 사고 개요

1. 사고 일시

2024년 5월 15일 오후 15시 18분경

2. 사고 위치

경북 의성군 금성면 청로리 금성농협 하나로마트에서 영천(우보) 방면 청로교 교량 위 약 60m 지점

3. 사고 개요

승용차(이하 #1차량, 114소 ○○○○, 더 뉴 그랜저 IG)와 승합차(이하 #2차량, 206고 ○○○○, 스타리아) 간 후미 추돌 사고

▶ 분석 사항 및 목적

#1차량 및 #2차량 주행 분석을 통한 후미 추돌사고 원인 분석

#2차량 전방(이하, 전방 영상) 및 후방(이하, 후방 영상) 블랙박스 녹화 영상 분석을 통한 #1차량, #2차량 주행 분석

▶ 분석 상세 내용

1. 상세 영상 분석

① (후방 영상 26초경) 반대편 교차로 신호기가 황색점멸로 확인되어 #1차량 주행 교차로 신호기
   도 동일하게 황색점멸로 추정되나 현장 확인 필요함.

사고지점 인근 교차로의 황색 점멸 신호

② (후방 영상 23.8초경) 황색점멸 중 교차로 입구(정지선) 통과하였고 #2차량 후방 약 20m 내외의
   거리로 추정됨.

우회전하고 있는 #2차량의 좌측 후방에 위치한 #1차량

③ (후방 영상 26.1초경) 1차로에 진입하고 있는 #2차량 후방에서 #1차량이 중앙선(이중 실선) 침
범하기 시작함.

#2차량의 좌측 후방에서 주행 중인 #1차량

④ (후방 영상 26.5초경) #1차량이 중앙선(이중 실선) 침범하여 #2차량 좌측 후방에 근접함.

#2차량의 좌측 후방에서 근접하고 있는 #1차량

⑤ (후방 영상 27초경) #1차량이 중앙선을 침범하여 #2차량 후방 좌측에 상당히 근접함.

#2차량의 좌측 후방에서 계속 근접 주행하고 있는 #1차량

⑥ (전방 영상 6.8초경) #1차량이 중앙선 침범하여 #2차량 좌측 및 좌측 전방에 근접하여 주행 중임.

#2차량의 좌측에 근접하며 앞지르기하고 있는 #1차량

⑦ (전방 영상 7.7초경) #1차량이 중앙선을 지속 침범하여 #2차량 좌측 전방 주행함.

중앙선을 침범하여 앞지르기하는 #1차량

⑧ (전방 영상 8.7초경) #1차량이 안전지대를 침범하여 #2차량 좌측 전방으로 지속 주행 중임.

중앙선을 침범하여 계속 앞지르기하는 #1차량

⑨ (전방 영상 12.7초경) #1차량이 안전지대를 침범한 상태로 #2차량 좌측으로 근접하여 주행 중임.

안전지대를 침범하여 앞지르기하는 #1차량

⑩ (전방 영상 17.1초경) #1차량이 #2차량 중앙선을 침범하여 반대편 차로에서 역주행 중이며 #2차량 좌측에 근접하여 주행 중임.

맞은편 차로로 계속 직진 중인 #1차량

⑪ (전방 영상 19.1초경) #1차량이 중앙선 침범한 상태로 #2차량 앞으로 진로를 변경하여 주행 중이고 이때 차간 거리 2 ~ 3m로 추정됨.

교량 위에서 #2차량을 앞지르기 하는 #1차량

⑫ (전방 영상 24.3초경) #1차량이 감속 및 급제동하여 #2차량과 후미추돌 발생함.

#2차량 앞에서 급제동하여 멈추는 #1차량

▶ 분석 결과

1. 1-①과 1-②에서와 같이 #1차량측 교차로 신호기가 반대차로 교차로 신호기와 동일하게 황색점멸 상태였다면, #1차량은 서행 또는 일시정지하여 교차로를 통과하였어야 하나 서행 또는 일시정지하였다고 보기 상당히 어려움. 당시 순간속도는 약 50km/h의 속도로 추정됨(단, 당시 해당 교차로 신호기 등화 확인 필요).

※ 참조1 : 해당 도로의 제한속도는 약 40km/h

※ 참조2 : 교차로 황색점멸 신호에서 주행 방법은 '서행 또는 일시정지'

2. 1-③부터 1-⑪을 종합하면 #1차량은 이중 황색실선의 중앙선 및 안전지대를 침범하여 반대편 차로로 직진하며 #2차량의 후방에서, 후방 좌측, 좌측, 좌측 전방으로 약 200m 거리를 직진 주행 후 교량 위에서 #2차량 전방으로 이동하였음.

3. 1-⑪, 1-⑫에서 보는 바와 같이 #1차량은 #2차량과 매우 근접한 차간 거리를 두고 앞지르기 하던 중 감속과 급제동을 한 것으로 확인됨.

▶ 분석 견해

1. 상기 내용을 종합하면, #1차량이 이중 황색실선의 중앙선 및 안전지대를 침범하여 반대편 차로로 주행한 후 #2차량과 매우 근접한 차간 거리로 교량 위에서 앞지르기 하였음.

2. #1차량의 이유 없는 감속 및 이유 없는 급제동을 원인으로 발생한 사고로 봄이 상당함.

블랩스
교통사고조사분석랩

사례 요약

2024년 9월 24일 오후 4시 13분경, 경기 수원시 영통구 법원 사거리에서 그랜저 IG(#2차량)와 K7(#1차량) 사이의 측방 충돌 사고가 발생하였습니다. 사고 당시 #2차량은 시청·시의회 방면에서 법원·검찰청 방면으로 직진 중이었으며, #1차량은 안산 방면에서 신갈IC 쪽으로 직진 중이었습니다.

블랙박스 영상분석 결과, 사고 발생 2초 전 #1차량은 교차로 내에 정차한 상태였고, 약 1.2초 전부터 우측으로 핸들을 돌려 진로변경을 시도하기 시작한 것으로 확인되었습니다. 결국 충돌 시점인 영상 10초에서 #1차량의 전방 우측 범퍼와 #2차량의 전방 좌측 범퍼가 부딪히며 사고가 발생한 것입니다. 속도 분석 결과 #2차량은 충돌 3초 전부터 약 25.4km/h로 주행하였으며, #1차량과의 거리는 충돌 1.2초 전 약 5m 정도였습니다. 일반적인 제동 조건을 고려할 때, 해당 속도의 정지거리는 약 10.7m로 추정됩니다. 반응시간을 0.5초로 감안하더라도 최소 7.1m는 필요하므로, 실제 주어진 간격 5m 내에서는 회피가 불가능한 상황이었습니다.

따라서 #2차량 운전자가 인지 즉시 제동을 하였다 하더라도 충돌은 피할 수 없었을 것으로 판단됩니다. 이 사건의 핵심은 교차로 내 진로변경 금지 원칙이라는 점입니다. 교차로에서는 진로를 바꾸는 행위 자체가 제한되며, 이를 예상하고 대비해야 할 주의의무를 다른 차량에게 요구하기 어렵습니다. 그러므로 본 사고는 전적으로 #1차량이 교차로 내에서 무리하게 진로를 변경한 데 따른 결과로 보는 것이 타당합니다.

종합하면, #2차량은 정상적인 직진 주행 중이었으며 물리적으로 충돌을 피할 수 없었고, 사고 책임은 #1차량의 불법적인 진로변경에 기인한 것으로 결론 내릴 수 있습니다.

교통사고 영상 원본
출처: 교통사고분석랩 블랩스 Youtube

▶ 발급 정보 및 제출처

발행번호	KTAC-2024-01-0023
발행일	2024. 10. 4.
발행기관	교통사고분석랩 블랩스
제출기관	○○화재보험사

▶ 사고 개요

1. 사고 일시

2024년 9월 24일 16시 13분경

2. 사고 위치

경기 수원시 영통구 원천동 법원 사거리

3. 사고 개요

수원 시청 및 시의회 방면에서 법원 검찰청 방면으로 직진하던 그랜저 IG(#2차량, 224러 ○○○○)
와 안산 방면에서 수원, 신갈IC 방면으로 직진하던 K7(#1차량, 48부 ○○○○) 간 측방 충돌 사고

▶ 분석 사항

#1차량과 #2차량 간 측방 충돌사고 원인 분석

1. #2차량 블랙박스 녹화 영상 시간별 차량 주행 분석

① (충돌 2.0초 전 ~ 영상시간 8.0초) #1차량이 교차로 내 정차 중임.

교차로 내에 정차 중인 #1차량

② (충돌 1.2초 전 ~ 영상시간 8.8초) #1차량이 우측으로 핸들을 조향하며 진로를 변경하기 시작함.

정차 후 우측으로 진로를 변경하는 #1차량

③ (충돌 시점 ~ 영상 시간 10초) #1차량 전방 우측 범퍼와 #2차량 전방 좌측 범퍼 충돌함.

#1차량과 #2차량 범퍼 충돌

2. #2차량의 속도 및 #1차량과의 떨어진 거리 추정

① 충돌 3.0초 전부터 1.2초 전까지 #2차량 속도는 약 25.4 km/h로 추정됨.

충돌 3.0초 전(좌), 충돌 1.2초 전(우)

② 충돌 1.2초 전 #1차량과 #2차량 사이 거리는 약 5m로 추정됨.

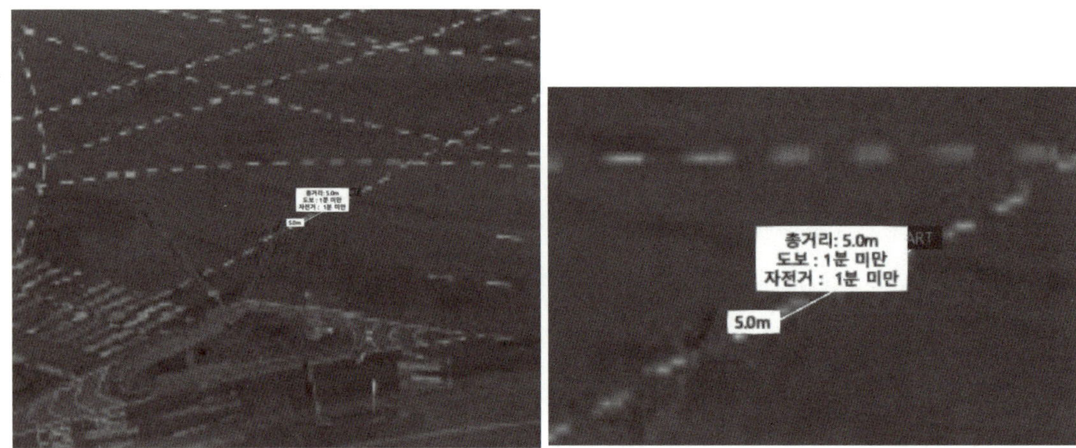

충돌 1.2초 전 두 차량 사이 간격

▶ 분석 결과 및 견해

1. #1차량이 교차로 내에서 진로변경을 시작하는 시점에 #2차량의 순간속도는 약 25.4km/h(약 7.0m/s)로 추정되고 해당 시점에 양 차량 간 간격은 약 5m 내외로 추정됨.

2. #2차량의 순간속도를 고려한 통상적인 정지거리는 10.7m로 추정됨.
   - 공주거리 = 25.4/3.6x1.0 = 7.1m(단, 반응시간 1.0초, 소수점 둘째 자리 반올림) ○ 참고 : 반응시간 0.5초일 때 공주거리는 약 3.5m
   - 제동거리 = $(25.4)^2$ / $(254 x 0.71)$ = 3.6m (단, 건조한 날 노면 마찰계수 : 0.71, 소수점 둘째 자리 반올림)
   - 정지거리 = 공주거리 + 제동거리 = 10.7m

3. #2차량 운전자가 #1차량의 진로변경을 인지했을 시점에 사이 간격이 약 5m 내외로 추정되는 상황에서 통상적인 반응시간인 1초보다 더 짧은 0.5초 만에 반응했다고 가정하더라도 정지하기까지 최소 약 7.1m 이상의 거리가 필요한 바, #1차량의 진로변경을 인지하자마자 #2차량 운전자가 제동했더라도 #1차량과 충돌할 수밖에 없었을 것으로 봄이 상당함.

4. 한편, 통상 교차로 내는 진로변경 금지구역이므로 진로변경하는 차량을 대비해 운전할 주의 의
   무가 있다고 보기 어려운 바, #1차량 일방의 교차로 내 진로변경으로 인한 사고로 봄이 상당함.

사례 요약

2023년 5월 3일 오후 5시 50분경, 경상남도 창원시 진해구 이동교 3거리 인근 도로에서 이륜차 (오토바이)가 주행 중 미끄러져 전도되는 사고가 발생하였습니다.

사고 원인에 대한 분석은 현장 도로 상태, 차선 도색 작업 이력, 유리알 도포 방식, CCTV 영상, 기상 조건, 건조 시간 등을 종합적으로 고려하여 진행되었습니다. 분석 결과에 따르면, 사고 당시 해당 지점에서 차선 도색 작업이 오후 4시 30분경 완료되었음이 공문을 통해 확인되었으며, 이 작업에는 융착식 공법과 유리알 도포가 적용된 것으로 나타났습니다.

CCTV 영상 분석 결과, 오토바이가 미끄러진 지점 근처 노면에는 불상의 백색 이물(유리알로 추정)이 사고 전후로 흩어져 있는 모습이 확인되었으며, 오토바이가 통과한 직후 도로에는 흰색 스키드마크가 남아 있었습니다. 이는 오토바이 바퀴가 급제동 중 미끄러지면서 도색층 일부가 벗겨진 흔적으로 추정되며, 궤적이 곧게 나타난 점을 고려할 때 운전자의 핸들 조작 미숙이나 과실보다는 노면 요인이 더 큰 영향을 미쳤다고 판단됩니다. 또한 의뢰인의 진술서에 따르면, 사고 당시 노면에 마치 모래 같은 입자(유리알로 추정)가 흩어져 있었다는 언급이 있었으며, 이는 도색 이후 빗자루 등으로 유리알을 모아 다시 도장면 위로 올리는 작업 진행 가능성이 있었을 것으로 추정되었습니다.

결과적으로, 본 사고는 차선 도색 직후 주변 노면에 남아 있었을 가능성이 있는 유리알층 위로 이륜차가 통과하면서 마찰력이 현저히 감소하고, 그로 인해 바퀴가 미끄러진 것이 주요 원인으로 판단됩니다. 운전자의 조작상 과실보다는 도로 작업 이후 유리알 처리 방식과 잔류물 관리의 미흡함이 사고에 크게 기여했을 가능성이 높은 것으로 결론 내린 사고입니다.

교통사고 영상 원본
출처: 교통사고분석랩 블랩스 Youtube

▶ 발급 정보 및 제출처

발행번호	KTAC-2024-01-0003
발행일	2024. 3. 4.
발행기관	교통사고분석랩 블랩스
제출기관	경남○○경찰서

▶ 사고 개요

1. 사고 일시

2023년 5월 3일 오후 5시 50분경

2. 사고 위치

경남 창원시 진해구 이동교 3거리 인근

3. 사고 개요

오토바이(경남 창원 다 ○○○○) 운전 중 미끄러짐으로 인한 전도 사고

▶ 분석 사항

오토바이 미끄러짐 원인 분석

▶ 분석 상세 내용

1. 차선 도색 관련 참고자료 및 작업 사실 확인 결과

① 도로에 차선 도색 시 야간이나 우천 시에 운전자가 차선을 잘 식별할 수 있도록 도료와 함께 "유리알"을 사용함. 유리알은 도료에 혼입하거나 도장과 동시에 도포하기도 함. 도색 공법으로는 몇 가지가 있으나 일반적으로 적용하는 "융착식 도색 공법"은 도색 및 도장 작업을 할 때 도료 도포와 동시에 도장면에 "유리알"을 도포함.

융착식 차선 도색 시 유리알 도포 작업 사례

차선 도색을 위한 융착식 기계(자체 부착된 온도계 또는 휴대용 전자온도계 이용)는 용해 시 약한 불로 서서히 녹여 200℃까지 온도를 높이고 작업 중에는 비드가 균일하게 교반이 가능하도록 소형 Motor 장착 교반기를 사용하도록 하며, 융착식 차선 도색 공법 시공 흐름도는 아래와 같음.

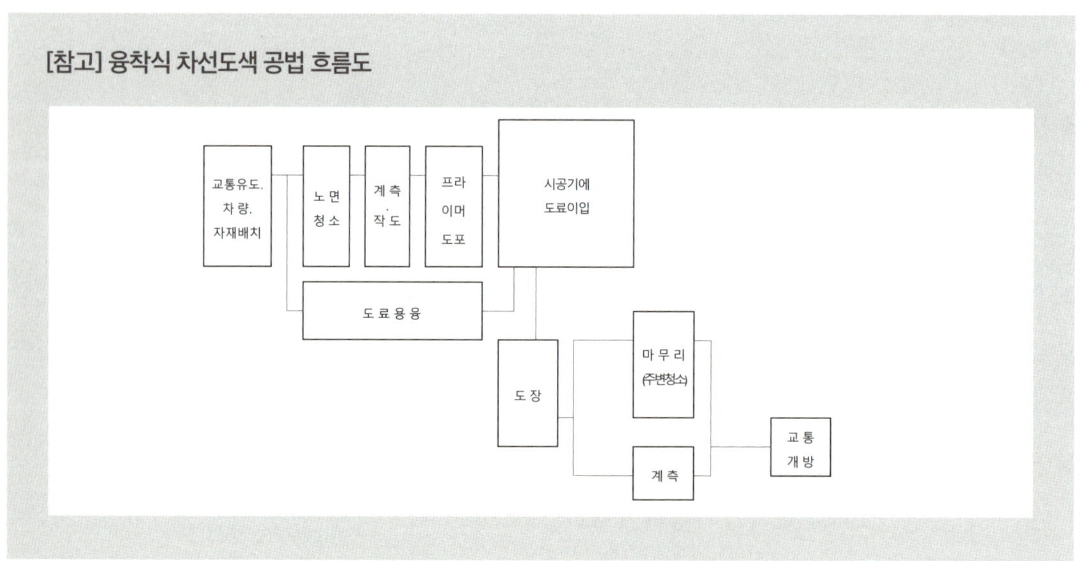

② 차선 도색에 사용되는 유리알의 품질 규격은 KSL 2521 규격으로 정하고 있으며 유리알의 겉모양은 "구상(球狀)의 입자로서 타원, 예각, 불투명, 공기혼합물, 어물 및 입자 간의 융착 등 결점이 있는 것의 총계가 20% 이하일 것"으로 규정하고 있는 바, 통상 사용되는 유리알은 유리구슬과 같은 구(球) 형상임.

[참고] 노면표시용 유리알 품질기준(KSL 2521)

항목	품질기준		
	1호	2호	3호
비중	2.4 이상		
입도	• 표준망체 850μm에 남는 것 0% • 850μm를 통과하고 600μm에 남는 것 5~30% • 600μm를 통과하고 300μm에 남는 것 30~80% • 300μm를 통과하고 106μm에 남는 것 10~40% • 106μm를 통과하는 것 0~5%	• 표준망체 • 600μm에 남는 것 0% • 600μm를 통과하고 300μm에 남는 것 40~90% • 150μm를 통과하는 것 0~5%	• 표준망체 • 212μm에 남는 것 0% • 90μm를 통과하는 것 0~4%
겉모양	구상의 입자로서 타원, 예각, 불투명, 공기혼합물, 이물 및 입자간의 융착 등 결점이 있는 것의 총계가 20% 이하일 것		
굴절율	1종 : 1.50 이상 1.90 미만, 2종 : 1.90 이상		
내수성	0.01N 염산의 소비량이 10mL 이하이고 유리알의 표면에 흐림이 없을 것	0.01N 염산의 소비량이 15mL 이하이고 유리알의 표면에 흐림이 없을 것	

③ 사고 당일 사고 현장 인근 차선 도색 작업이 있었음이 확인됨.

진 해 구

창원특례시

수신 내부결재

(경유)

제목 민원(1BA-2402-0315148) 처리결과 안내

1. 안녕하십니까? 귀하께서 국민신문고를 통해 신청하신 민원
   (신청번호 1BA-2402-0315148)에 대하여 아래와 같이 답변드립니다.
2. 시공사에 확인한 결과 이동교 삼거리 일원은 5월 2일 ~ 3일 2일간 차선 재도색
   작업을 오전 9시부터 오후 4시30분까지 작업을 시행하였으나, 구간이 넓고, 차량
   통행 및 통제와 병행해 작업을 하므로 정확한 칠한 장소와 시간을 확인하기 어
   려운 실정이오니 이점 양해하여 주시기 바랍니다.
3. 귀하의 질문에 만족스러운 답변이 되었기를 바라며, 답변 내용에 대한 추가 설명이
   필요한 경우 진해구 경제교통과(☎055-548-4433)로 연락해주시면 친절히 안내해
   드리도록 하겠습니다. 감사합니다. 끝.

구청 공문으로 확인한 사고지점 인근 도로 노면 도색 작업 여부

④ 차선 도색 작업 시 상기와 같이 유리알을 자동으로 도포하였더라도 유리알이 도장된 차선 주변으로 퍼지게 되어 작업자가 빗자루로 유리알을 쓸어 차선 위로 올리는 작업을 추가로 진행하기도 함.

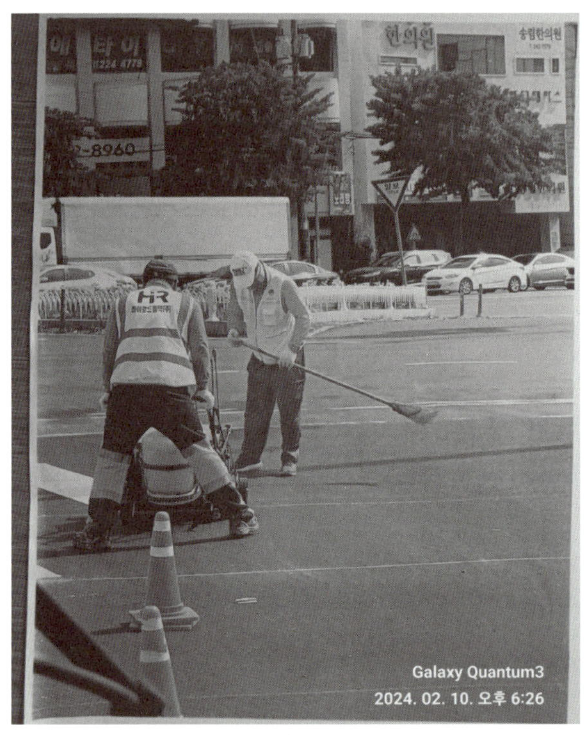

차선 도색 작업 예시

▶ 분석 결과 및 견해

1. 상기 오토바이 미끄러짐 사고 일시는 2023년 5월 3일 17시 50분경으로 일몰 전이고 기상조건은 맑은 날이며 당일 날씨는 낮 최고 24도, 아침 최저 12도 수준이었음. 또한 일몰시간이 대략 19시 18분경(창원 기준)으로 일몰 전 건조가 충분히 가능했을 것으로 판단됨.

2. 해당 도색 페인트의 건조는 일반적 수준으로 진행되었을 것으로 추정되며 융착식 공법의 도료 건조 시간이 12 ~ 25분 정도임을 감안할 때 위 창원시 진해구 공문과 같이 오후 4시 30분에 도색 작업이 마쳐졌다면 도료는 노면에서 건조된 상태였을 것으로 추정됨.

3. 차선 도색 시 도포되는 유리알은 통상 도료와 함께 도색면 위로 뿌려져 건조되는데 시공상 도색 후에 유리알을 도포할 경우 뿌려진 유리알은 도료에 포함되어 건조되지 않을 수 있고 도색된 차선 주변에 뿌려졌을 것을 배제할 수 없음. 따라서, 차선 도색 시에 도포된 유리알이 도색 작업한 표면 인근에 뿌려 작업하는 관행이 있는 점, 도장면에 함께 건조되지 못하고 인근에 흩어져 있었을 것으로 추정되는 점 등 감안할 때 유리알층 위로 오토바이 통과 시 오토바이 바퀴의 미끄러움을 유발할 수 있었을 것으로 봄이 상당함.

4. 한편, 의뢰인의 진술서에서도 미끄러진 위치에 모래(유리가루를 모래로 표현) 같은 것이 뿌려져 있었다고 하고 있어 도색 작업 중에 도료에 섞여 함께 건조되지 않았거나 또는 도장면 주변에 유리알이 흩어져 있었을 것을 완전히 배제할 수 없고, 해당 유리알은 마치 도로에 뿌려진 유리구슬과 같아 유리알층을 만들어 그 유리알 층 위로 오토바이 타이어가 회전한다면 차선 도색면이나 아스팔트 노면과의 접지력과 마찰력이 현저히 감소할 수 있음(아래 그림 참조).

차선 도색 작업 시 유리알층

5. 도색된 차선 주변 노면에 불상의 백색 이물이 오토바이 미끄러짐 전후로 흩어지는 것이 관찰되었음.

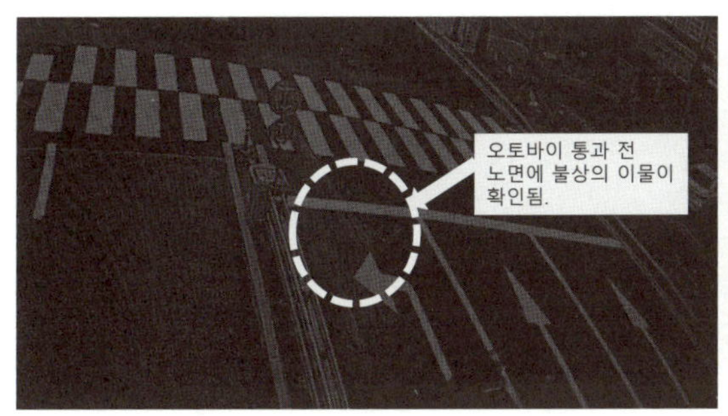

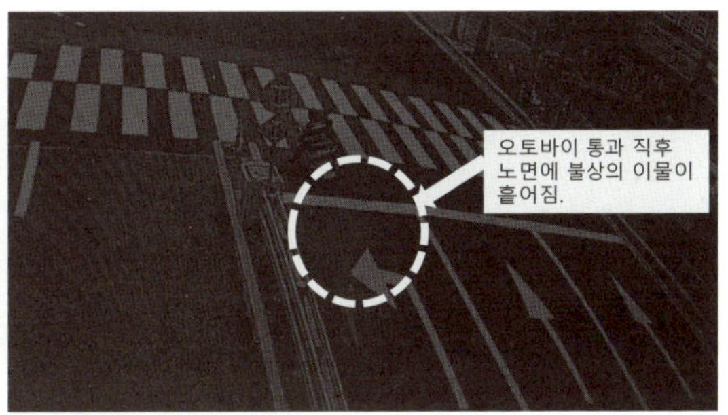

오토바이 통과 직전 노면에 불상의 이물 확인됨

오토바이 통과 직후 노면에 불상의 이물이 흩어짐.

6. 한편, 사고 현장 주변 CCTV에서 보는 바와 같이 오토바이가 미끄러지며 흰색 스키드마크가 관찰되고 있는데, 이는 오토바이 바퀴가 미끄러질 때 운전자가 급제동을 하면서 발생한 것으로 추정되고 해당 스키드마크가 흰색으로 나타난 것은 타이어와 도색층의 마찰력에 의하여 도색층이 벗겨진 것으로 추정됨. 아울러, 스키드마크가 직선으로 확인되므로 운전자가 회전하기 위한 핸들 조작이나 운전 부주의로 발생한 것으로 보기엔 어려움이 상당함.

오토바이가 미끄러지면서 스키드마크 발생

사례 요약

2021년 4월 18일 오후 8시 29분경, 경기도 이천시 백사면 이여로 호박가든 앞 도로에서 SUV 차량 간 후방 추돌 사고가 발생하였습니다. 피해 차량인 #2차량(산타페)은 직진 중이었으며, 가해 차량인 #1차량(셀토스)이 동일 방향으로 뒤따르던 중 #2차량의 후미를 추돌하였습니다.

사고 당시 #1차량의 전방 블랙박스 영상을 분석한 결과, 다음과 같은 추정 주행속도가 도출되었습니다.

- 사고 약 5초 전: 약 88.7km/h로 직진 주행
- 사고 약 4초 전: 순간속도는 약 89.2km/h로 다소 가속
- 사고 약 3초 전: 제동등 점등이 확인되었고, 크락션이 울렸으며, 속도는 약 81.4km/h로 감속
- 사고 약 1초 전: 속도는 약 58km/h로 급감하였고, 이 시점에 #1차량이 #2차량의 후미를 추돌

영상 분석에 따르면 #1차량은 추돌 직전 급제동과 경적을 사용하며 충돌 회피를 시도한 정황이 나타났으나, 전방 주시 미흡과 과속 주행으로 인해 안전거리를 확보하지 못한 채 추돌로 이어졌습니다.

따라서 해당 사고는 #1차량의 빠른 속도 및 전방주시 태만, 그리고 충분한 안전거리 확보 부족이 주요 원인으로 판단됩니다. 사고 당시 야간 주행 상황임을 감안하더라도, 운전자는 더 적극적으로 방어 운전을 했어야 하며, 후행 차량으로서의 주의 의무를 다하지 못한 점이 아쉽습니다.

교통사고 영상 원본
출처: 교통사고분석랩 블랩스 Youtube

▶ 발급 정보 및 제출처

발행번호	KTAC-2021-01-0023
발행일	2021. 12. 29.
발행기관	교통사고분석랩 블랩스
제출기관	○○검찰청

▶ 사고 개요

1. 사고 일시

2021년 4월 18일 20시 29분경

2. 사고 위치

경기도 이천시 백사면 이여로 호박가든 앞 도로

3. 사고 개요

상기 도로에서 이천농협주유소 방면 직진 주행하던 SUV(셀토스, 265노○○○○, #1차량)와 동일
방면 주행하던 SUV(산타페, 21보○○○○, #2차량) 간 추돌 사고

▶ 분석 사항

#1차량의 블랙박스 영상분석을 통한 추정 속도 분석

▶ 분석 상세 내용

1. #1차량의 주행 분석

① (0초 ~ 2.2초 구간) #1차량은 상기 도로 2차로 직진 주행 중이었고, 이 구간 순간속도는 약 88.7km/h로 추정됨.

직진 주행 중인 #1차량

② (2.2초 ~ 3.33초 구간) 이 구간 #1차량의 순간속도는 약 89.2km/h로 추정됨.

직진 주행 중인 #1차량

 블랙박스를 말하다

③ (3.33초 ~ 4.46초 구간) 이 구간 #1차량 순간속도는 약 81.4km/h로 추정되고 이는 약 3초경 후 방 블랙박스 영상에 제동등이 점등된 것으로 확인되어 이전 구간 대비 속도가 감속되었고, 약 3.5초경 #2차량의 크락션(경적) 소리가 블랙박스에 녹음되어 들림.

직진 주행 중인 #1차량

직진 주행 중인 #1차량 전방에 진로를 변경하는 #2차량

④ (4.46초 ~ 5.58초 구간) 이 구간 #1차량의 순간속도는 약 58km/h로 추정되고 5.58초경 #1차량

　　이 #2차량 후미를 추돌한 것으로 확인됨.

#1차량이 #2차량 후미를 충돌하는 시점

▶ 분석 결과

#1차량이 #2차량을 추돌한 순간을 기준으로 하여 1초 ~ 5초 전 #1차량의 추정 순간속도는 다음과
같음.

추돌 전 시간	추돌 4~5초 전 (0초~2.2초)	추돌 약 3초 전 (2.2초~3.33초)	추돌 약 2초 전 (3.33초~4.46초)	추돌 약 1초 전 (4.46초~5.58초)
추정 순간속도	약 88.7km/h	약 89.2km/h	약 81.4km/h	약 58.0km/h

블랩스
교통사고조사분석랩

사례 요약

2021년 11월 25일 17시경, 부산 연제구 거제동의 거제우성아파트 앞 교차로에서 승용차 간 충돌
사고가 발생하였습니다. 홈플러스 부산연산점에서 직진하던 승용차(#2차량)와 삼보아파트 앞
에서 비보호 좌회전하던 승용차(#1차량)가 교차로 내에서 충돌하였습니다.

블랙박스 영상분석 결과, #2차량은 녹색 신호에 직진 중이었으며 약 43.8 ~ 46.4km/h의 속도로
주행하던 중 황색 신호로 전환된 후 정지선에서 약 18m 떨어진 위치에서 교차로에 진입한 것으
로 확인됩니다. 그 이후 정지선 통과 직후 #1차량의 좌회전을 인지하고 37km/h로 감속하며 제
동을 시작하였으나, 약 2초 뒤인 10.75초경 교차로 내에서 충돌이 발생하였습니다.

분석에 따르면, #2차량은 #1차량의 좌회전을 인지한 시점(8.62초경)부터 충돌지점까지의 거리
가 약 13 ~ 15m로 추정되며, 당시 속도에서의 제동거리는 최소 18.7m로 계산됩니다. 이는 곧,
#2차량이 즉시 제동을 시작했더라도 충돌을 피할 수 없는 물리적 한계가 있었음을 의미합니다.

결과적으로, #2차량은 신호상 정상적인 주행을 하고 있었고, 급제동을 시도했음에도 불구하고
충돌을 피하기 어려운 상황이었습니다. 반면, #1차량은 비보호 좌회전을 하며 맞은편 직진 차량
을 명확히 인지할 수 있었던 위치에서 좌회전을 시도하여, 이 사고의 주된 원인을 제공하였다는
결론을 도출하였습니다.

교통사고 영상 원본
출처: 교통사고분석랩 블랙스 Youtube

▶ 발급 정보 및 제출처

발행번호	KTAC-2021-01-0020
발행일	2021. 12. 3.
발행기관	교통사고분석랩 블랩스
제출기관	○○손해보험사

▶ 사고 개요

1. 사고 일시

2021년 11월 25일 17시경

2. 사고 위치

부산 연제구 거제동 거제우성아파트 앞 교차로 내

3. 사고 개요

홈플러스 부산연산점에서 거제월드메르디앙아파트 방면으로 직진 주행하던 승용차(#2차량, 티볼리)와 삼보아파트 앞에서 거제우성아파트 방면으로 비보호 좌회전 주행하던 승용차(#1차량) 간 교차로 내 충돌 사고

▶ 분석 사항

#2차량의 추정 주행속도, 추정 제동거리, 추정 정지거리 및 사고 원인

▶ 분석 상세 내용

1. #2차량의 위치별 주행속도 추정

① (6.0초 ~ 6.62초 구간) #2차량이 횡단보도 예고 노면표지 부근을 통과하여 직진 주행 중임. 이
시점 신호기는 녹색 등화임. 이 구간 주행속도는 약 43.8km/h로 추정됨.

직진 주행 중인 #2차량

② (6.62초 ~ 7.16초 구간) 해당 시간 동안 #2차량 영상 분석 결과 속도는 약 46.4km/h(12.9m/s)로
추정되고 7.16초경 교차로 내 신호등이 녹색 등화에서 황색 등화로 변경되었으며 이때 #2차량
의 위치는 전방 정지선으로부터 약 18m 후방으로 추정됨.

직진 주행 중인 #2차량

 블랙박스를 말하다

③ (7.16초 ~ 8.62초 구간) 해당 구간 #2차량의 주행속도는 약 45.6km/h로 추정되며 정지선을 막 통과하기 시작하였고, 교차로 내 신호등은 황색 등화 상태로 확인됨.

신호기가 황색으로 변경 시점에 정지선 통과하는 #2차량

④ (8.62초 ~ 9.5초 구간) 해당 구간 #1차량은 좌회전하기 시작하였고 #2차량은 횡단보도를 통과하고 있었음. #2차량 주행속도는 약 37km/h로 추정되는데 상기 정지선을 통과한 직후 #1차량의 좌회전을 인지하고 제동을 시작한 것으로 보임. 교차로 내 신호등은 황색 등화로 확인됨.

교차로에 진입하기 시작하는 #2차량과 맞은편에서 좌회전하는 #1차량

⑤ (9.5초 ~ 10.75초 구간) #2차량은 약 10.75초에 상대 차량과 충돌한 것으로 보이고 주행속도는 약 29km/h로 추정됨. 이때 교차로 내 신호등은 약 10.25초경 황색에서 적색 등화로 변경됨.

#1차량과 충돌하는 #2차량

2. #2차량의 제동거리 추정

① 상기 1-③항에서 #2차량이 상대 #1차량의 좌회전을 식별하였을 것으로 추정되는 시점(약 8.62초)에 #2차량의 속도가 약 45.6km/h로 추정되는데, 이 속도를 바탕으로 해당 구간에서의 제동거리를 산정해 보면, 다음의 식으로 계산할 수 있음.

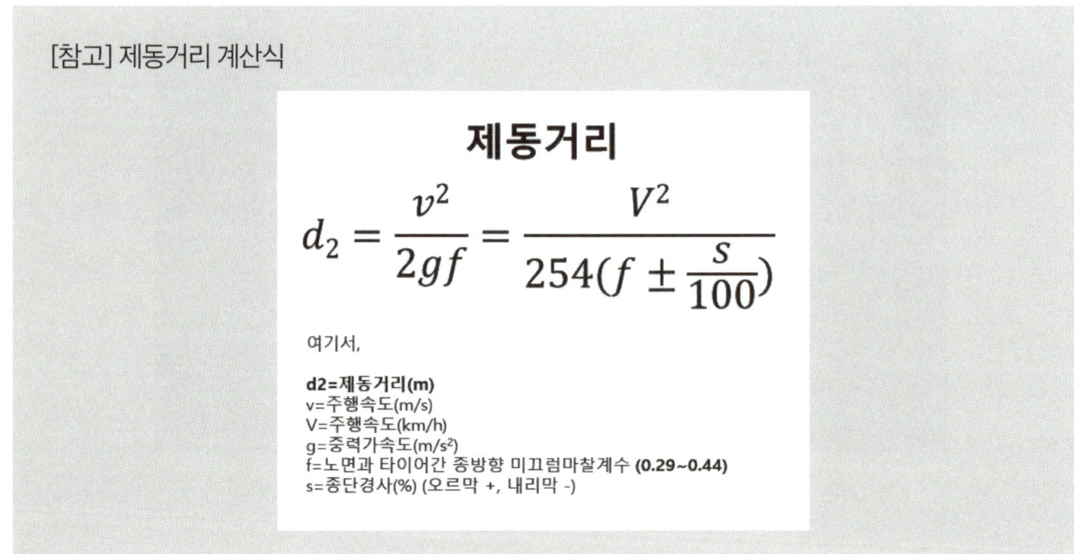

$$d_2 = \frac{v^2}{2gf} = \frac{V^2}{254(f \pm \frac{s}{100})}$$

노면과 타이어 간 종방향 미끄럼 마찰계수(0.29 ~ 0.44), 종단경사(0%), 추정 주행속도(12.7m/s)를 입력하여 산정하면 위 계산식에 의하여 제동거리는 최소 약 18.7m(마찰계수 0.44)에서 최대 28.3m(마찰계수 0.29)로 추정됨.

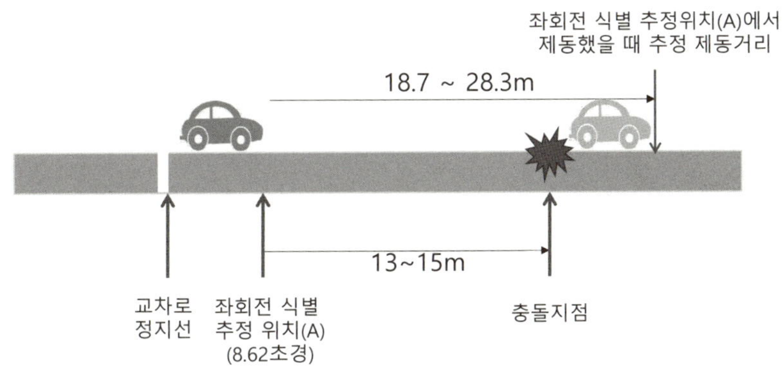

충돌지점까지 거리와 제동거리 비교

② 소결론: 한편 상기 1-③항에서 보는 바와 같이 #2차량이 정지선을 지난 시점(7.16초)부터 8.62초경까지는 45.6km/h로 주행하다가 1-④항에서 보는 바와 같이 속도가 37km/h로 줄어드는데 이는 횡단보도를 통과한 시점부터 맞은편 #1차량의 좌회전을 식별하고 제동하여 줄어든 것으로 추정됨. 따라서 상기 8.62초 후부터 제동을 시작하였다고 봄이 상당함. 그런데 정지선으로부터 충돌지점까지의 거리는 약 19m로 추정되고 #2차량이 상대 #1차량 좌회전을 식별했을 추정 위치(8.62초경)부터 충돌지점까지 거리는 이보다 더 짧은 약 13 ~ 15m로 추정되기 때문에 이 거리보다 최소 제동거리가(18.7m) 더 큼. 결과적으로 #2차량이 상대 #1차량의 좌회전을 식별한 직후 제동하였더라도 충돌할 수밖에 없었을 것으로 봄이 상당함(위 그림 참조).

3. #2차량의 정지거리 추정

① 상기 1-②항에서 신호등이 녹색에서 황색으로 변경된 시점(약 7.16초)에 #2차량의 순간속도가 약 46.4km/h로 추정되는데, 이 속도를 바탕으로 해당 구간에서의 정지거리를 산정해 보면 다음의 식으로 계산할 수 있음.

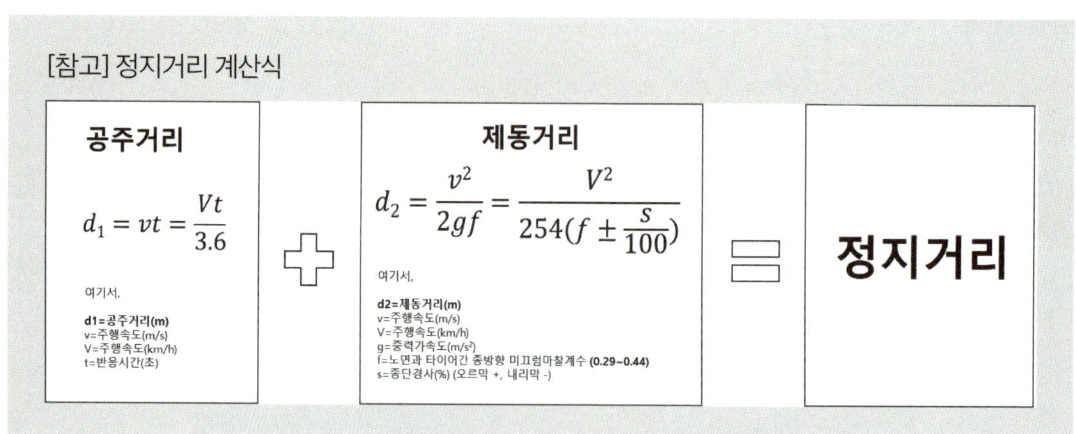

먼저 반응시간 1초로 계산할 경우 공주거리는 약 12.9m이고, 제동거리는 노면과 타이어 간 종방향 미끄럼 마찰계수(0.29 ~ 0.44), 종단경사(0%), 추정 주행속도(12.9m/s)를 입력하여 산정하면, 제동거리는 최소 약 19.3m(마찰계수 0.44)에서 최대 29.2m(마찰계수 0.29)로 추정됨. 따라서 위 두 값을 각각 합하면 정지거리는 최소 32.2m에서 최대 42.1m로 추정됨.

② 소결론: 결과적으로 #2차량 운전자가 녹색 등화에서 황색 등화로 변경 시점에 1초 만에 반응하여 제동했다고 가정하더라도 최소 32.2m의 정지거리가 예상되므로 18m 이내에 정지하기는 어려웠을 것으로 봄이 상당함. 설령 매우 신속하게 대응하여 0.5초 만에 반응하였다고 하더라도 (정지거리가 약 25.7m에서 35.6m로 추정되므로)마찬가지로 18m 이내에 정지하기에는 어려웠을 것으로 봄이 상당함.

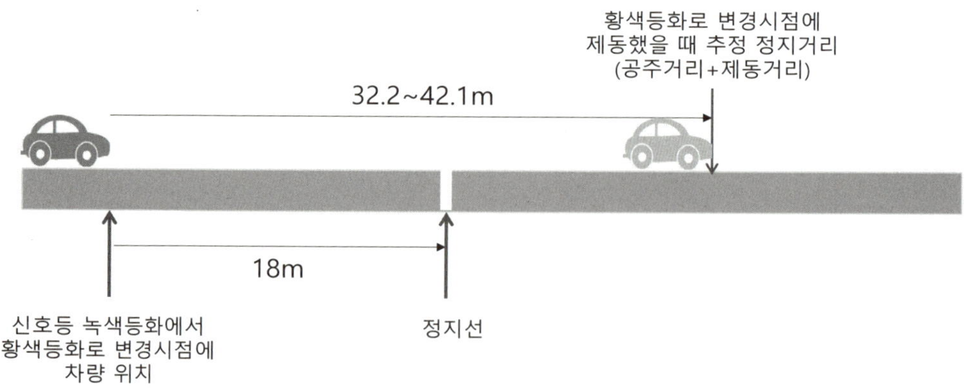

황색 신호로 변경되는 시점에 #2차량의 정지거리

▶ 분석 결과 및 견해

1. 상기 2-② 소결론, 3-② 소결론에서 서술한 바와 같이 #2차량이 교차로 신호등이 녹색 등화에서 황색 등화로 변경된 시점에 주행속도와 정지선과 떨어진 거리를 고려했을 때 제동했더라도 정지선 이내에 정지하기에는 어려웠을 것으로 보여 일명 딜레마존(Dilemma Zone : 신호기가 있는 교차로에서 운전자가 황색 신호를 인식하였으나 정지선 이내에 정지할 수 없어서 계속 진행하여 황색 신호가 적색 신호로 바뀔 때까지 교차로를 빠져나오지 못한 경우에, 황색 신호의 시작지점에서 적색 신호로 바뀌는 지점까지 차량이 존재하고 있는 모호한 구간 - 출처: 위키백과 "딜레마 구간")으로 볼 만한 상황이 상당함.

2. 상대 #1차량은 비보호 좌회전 중 맞은편 1차로 직진 주행 중인 #2차량을 충분히 인지 가능한 상황에서 좌회전하여 #2차량과 전방 충돌을 야기한 점 등을 종합적으로 고려할 때 #1차량 일방의 과실을 원인으로 발생한 사고로 봄이 상당함.

사례 요약

2021년 1월 23일 오전 8시 25분경, 경기도 평택시 청북남로 청북터널 인근 약 500m 부근 내리막 커브길에서 아반떼HD(#1차량)와 스팅어(#2차량) 간의 정면충돌 사고가 발생하였습니다. 사고 당시 후행 차량이었던 #3차량의 블랙박스 영상을 통해 #1차량의 속도 추정과 사고 상황이 분석되었습니다.

블랙박스 영상 분석 결과에 따르면, #1차량은 5.33초경 #3차량의 좌측 차로에서 앞서 주행하기 시작하였으며, 6.33초경에는 속도제한 노면표지 지점을 통과하였습니다. 이후 10.83초경 후미등이 꺼지는 모습이 확인되었고, 12.54초경에는 중앙선을 넘어 맞은편에서 주행하던 #2차량과 정면 충돌하였습니다. 13.79초경에는 #1차량이 전복되기 시작하였습니다.

제동 흔적(스키드마크), 제동등 점등, 마찰 연기 등은 영상에서 확인되지 않았으며, 이로 미루어 보아 제동 시도가 없었던 것으로 보입니다. 또한 #3차량의 주행속도도 분석되었으며, 동일한 시점에서 약 98.3km/h의 속도로 주행한 것으로 나타났고, 다른 시점에서는 순간속도 124.14km/h 또는 114.74km/h로 분석되었습니다.

결론적으로, 본 사고는 커브길에서 중앙선을 침범한 #1차량의 고속 주행이 주요 원인으로, #2차량은 정상적으로 맞은편 차로에서 주행 중이었으며, 제동 또는 피하기 어려운 상황에서 충돌이 발생한 정면사고로 판단됩니다.

교통사고 영상 원본
출처: 교통사고분석랩 블랩스 Youtube

▶ 발급 정보 및 제출처

발행번호	KTAC-2021-01-0017
발행일	2021. 6. 24.
발행기관	교통사고분석랩 블랩스
제출기관	○○복지공단

▶ 사고 개요

1. 사고 일시

2021년 1월 23일 08시 25분경

2. 사고 위치

경기도 평택시 청북남로 청북터널에서 청북고등학교 방면 약 500m 부근

3. 사고 개요

흰색 승용차량(#1차량:아반테HD)이 내리막 커브길에서 중앙선을 넘어 맞은편 도로에서 주행하던 승용차량(#2차량:스팅어)과 정면 충돌한 사고

▶ 분석 사항

사고지점을 지나던 후행 차량(#3차량) 블랙박스에 녹화된 영상 내 #1차량의 주행속도 추정 등 영상 분석

1. 블랙박스 영상 분석

① (5.33초경) #1차량이 #3차량의 좌측차로에서 앞서 주행하기 시작함.

#1차량이 #3차량의 좌측 차로로 주행 중

② (6.33초경) #1차량이 속도제한 노면표지 지점을 통과함.

#1차량이 #3차량의 좌측 차로로 주행 중

▶ 분석 상세 내용

③ (10.83초경) #1차량 후미등이 꺼짐.

#1차량의 후미등이 꺼지는 시점

④ (12.54초경) #1차량이 중앙선 넘어 맞은편 #2차량과 충돌함.

#1차량이 중앙선을 넘어가는 시점

⑤ (13.79초경) #1차량이 #2차량과 충돌 후 전복되기 시작함.

#1차량이 #2차량과 충돌 후 전복되는 시점

▶ 분석 결과 및 견해

1. #1차량이 상기 ② 지점에서 ④ 지점까지 주행할 때 걸린 시간은 영상 기준 약 6.21초이고 해당 거리가 약 239m로 추정되어 해당구간 평균 주행속도는 약 138.55km/h로 추정됨.

2. #1차량이 영상 기준 약 6.04초부터 6.25초까지 약 0.2초간 주행한 거리는 약 8m(백색 점선 1구간 이동 거리)이므로 순간속도는 약 139.13m/h로 추정됨.

3. #1차량이 영상 기준 약 6.87초부터 7.08초까지 약 0.2초간 주행한 거리는 약 8m(백색 점선 1구간 이동 거리)이므로 순간속도는 약 138.46km/h로 추정되고 이후 #1차량은 #3차량과 간격이 벌어져 속도 추정이 어려움. 그렇지만 '결과1'로 미루어 볼 때 현저한 감속 또는 가속 없이 약 140km/h에 가까운 속도로 추정됨.

4. 영상 기준 후미등이 꺼진 직후 중앙선을 넘기 직전까지 속도는 약 89km/h, 이후 중앙선 침범 후 맞은편 차량과 충돌 직전까지 속도 약 86km/h로 추정됨(단, 오차범위 약 ±5km/h).

    블랙박스를 말하다

5. #1차량이 영상 기준 약 10.8초경 후미등 꺼짐 현상이 확인되는데 이에 관하여는 해당 차량에 대한 정밀 조사, 분석이 필요함.

6. #1차량이 사고 직전 제동을 했다면 이론적으로 현장 노면에 스키드마크가 남거나 타이어와 노면의 마찰열로 인하여 연기가 피어오르거나 제동등이 점등되는데 이러한 점이 영상에서는 확인되지 않음.

[참고] #3차량 주행속도

(1) 위 '분석결과 3'에서 #1차량이 순간속도 약 138.46km/h로 주행하던 시각 #3차량은 순간속도 약 98.3km/h로 주행한 것으로 추정됨.
(2) 또, #3차량은 약 2.54초에서 2.83초까지 약 0.29초간 순간속도 약 124.14km/h로 추정되고, 5.62초에서 5.87초까지 약 0.25초간 순간속도 약 114.74km/h로 주행한 것으로 추정됨.

사례 요약

2017년 11월 24일 오전 4시 30분경, 인천광역시 연수구 인천신항대로 인근에서 스카니아 트랙터 차량이 미끄러지면서 인천신항대교의 가드레일과 충돌하는 사고가 발생하였습니다. 사고 지점은 편도 3차로 구간 중 2차로에 해당하며, 사고 당일에는 눈이 내려 도로 표면이 결빙되어 있는 미끄러운 상태였습니다.

사고 현장은 약 4.4km의 직선 구간 후 우측으로 굽은 곡선 구간이 시작되는 도로 형상이며, 사고가 발생한 교량 구간은 경고 표지판이 여러 차례 설치되어 있었습니다. 여기에는 '미끄러움 주의', '상습결빙구역 감속운행' 안내 표지 및 제한속도 40km/h와 60km/h 표지판이 설치되어 있었습니다.

특히, 기상청에 따르면 사고 당시 인천 지역의 적설량은 1.5cm에 달했으며, 이는 도로교통법상 제한속도의 20% 감속 의무가 적용되는 조건이었습니다. 이에 따라 II구간은 32km/h, III 및 IV구간은 48km/h 이내로 주행했어야 했으나, 실제 주행속도는 이를 크게 초과한 것으로 분석되었습니다.

또한, 교통안전 표지판이 반복적으로 경고를 제공하였음에도 불구하고 해당 차량은 이를 무시하고 감속 없이 주행을 지속하였습니다. 이와 함께, 당시 지정차로제에 따라 화물차는 3차로(우측차로)를 이용해야 하나, 사고 차량은 2차로(중앙차로)로 주행한 사실이 확인되어 지정차로 위반 사실도 확인되었습니다.

결과적으로, 해당 사고는 도로 결빙 및 곡선 구간에 대한 충분한 대비 없이 과속과 지정차로 위반 등 운전자의 전적인 과실로 인해 발생한 것으로 결론 내렸습니다.

교통사고 영상 원본
출처: 교통사고분석랩 블랩스 Youtube

▶ 발급 정보 및 제출처

발행번호	KTAC-2021-01-0016
발행일	2019. 3. 12.
발행기관	교통사고분석랩 블랩스
제출기관	○○지방법원

▶ 사고 개요

1. 사고 일시

2017년 11월 24일 오전 4시 30분경

2. 사고 지점

인천광역시 연수구 인천신항대로 인천신항대교 초입으로부터 약 70 ~ 80m 부근(편도 3차로 도로 중 2차로)

3. 사고 발생 개요

상기 사고는 2017년 11월 24일 오전 4시 30분경 스카니아 트랙터(인천98바 ○○○○)가 인천광역시 연수구 인천신항대로 인천신항대교 진입 후 약 70 ~ 80m부터 미끄러져 교량 가드레일에 충돌한 사고임.

사고 직후 파손된 차량

▶ **분석 사항**

인천신항대로 신항만교부터 사고 발생 교량인 인천신항대교에 진입한 후 미끄러지기 전까지 제한
속도 구간별 상기 차량의 블랙박스 영상 기준 주행속도 분석

▶ **분석 상세 내용**

1. 사고 현장

① 도로선형 및 현황

상기 사고 발생지점 도로는 약 4.4km 직선로 이후 곡률반경 약 1.7 ~ 1.8km 정도의 우로 굽은 도
로로 이어지는 형태로 곡선구간 시작점에서부터 약간의 오르막 형상임.

② 노면(기상상태 포함)

상기 도로 노면 상태는 사고 당일 눈이 오고 있었기 때문에 미끄러운 상태였으며 내린 눈이 쌓여
도로 일부는 결빙되어 있었음.

③ 차로 현황

상기 사고발생 도로는 제한속도 60km/h의 편도 3차로임. 교량구간은 흰색 실선으로 차로 구분되
어 있음.

사고 발생지점 도로 현황

④ 신호기, 주요 안전표지 및 제한속도 표지판

상기 사고발생 지점 전방 부근에는 앞지르기 금지 표지판, 미끄러움 주의 표지판, 상습결빙구역으로 감속 운행 안내 표지판이 있었으며 제한속도 40km/h, 60km/h 표지판(40km/h 해제표지)도 있는 것으로 파악됨.

사고 발생지점 도로교통표지판

사고 발생지점 주의 표지판

사고 발생지점 제한속도 도로교통표지판

2. 사고 차량 속도 분석

① 제한속도 구역별 구간 구분

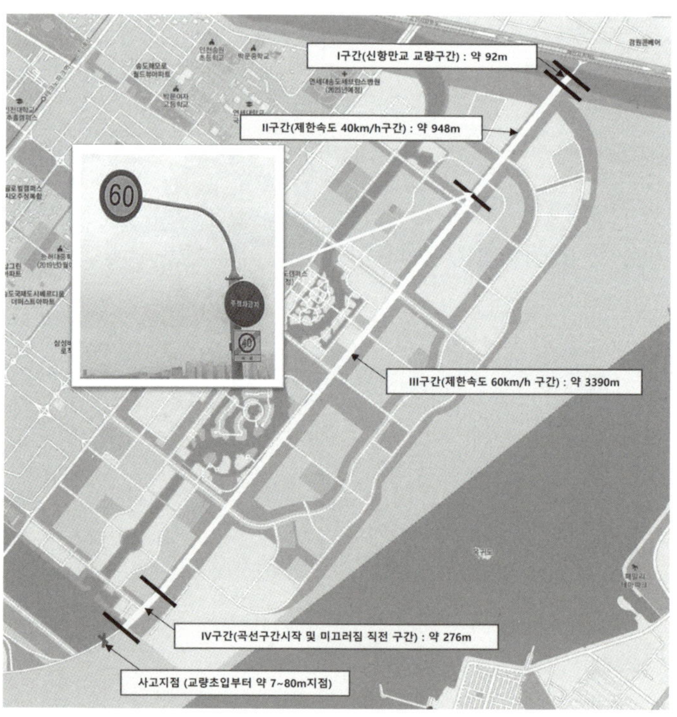

사고지점 도로지도

구간 구분	구간 구분 근거	구간별 제한속도(km/h)	구간 거리(m)
I구간	신항만교 교량 구간	40	92
II구간	인천신항대로 직선구간	40	948
III구간	인천신항대로 직선구간	60	3,390
IV구간	인천신항대로 곡선구간	60	276

② 구간별 주행속도 분석 결과(아래 표 참조)

영상 구분	구간	I구간	II구간	III구간	IV구간
사고차량 블랙박스 영상	영상 기준 시간	1~13초	13~73초	73~250초	250~264초
	거리(m)	92	948	3,390	276
	소요시간(s)	12	60	177	14
	주행속도(m/s)	7.67	15.80	19.15	19.71
	주행속도(km/h)	27.60	56.88	68.95	70.97

- II구간은 제한속도 40km/h 도로이며 그 거리는 약 948m로 파악됨. 해당 구간을 완주하는 데 걸린 시간은 블랙박스 동영상 기준 약 60초로 해당 구간 등속도 운동으로 가정할 때 주행속도는 약 56.88km/h로 추정됨.

- III구간은 제한속도 60km/h 도로이며 그 거리는 약 3,390m로 파악됨. 해당 구간을 완주하는 데 걸린 시간은 블랙박스 동영상 기준 약 177초로 해당 구간 등속도 운동으로 가정할 때 주행속도는 약 68.95km/h로 추정됨.

- IV구간은 곡선 시작구간으로 상기 사고차량이 미끄러지기 시작한 구간으로 그 거리는 약 276m로 파악되고 해당 구간을 완주하는 데 걸린 시간은 약 14초로 해당 구간 등속도 운동으로 가정할 때 주행속도는 약 70.97km/h로 추정됨.

[참고] 실험영상 속도 분석 결과

영상 구분	구간	I구간	II구간	III구간	IV구간
실험차량 블랙박스 영상	영상 기준 시간	6~17.5초	18~92초	92~292초	292~308.5초
	거리(m)	92	948	3,390	276
	소요시간(s)	11.5	74	200	16.5
	주행속도(m/s)	8.00	12.81	16.95	16.73
	주행속도(km/h)	28.80	46.12	61.02	60.22

실험 주행 차량의 영상 분석 결과 각 구간별 주행속도는 등속도 운동으로 가정할 때 II구간 약 46.12km/h, III구간 약 61.02km/h, IV구간 약 60.22km/h로 나타나 실험영상에 표시되는 주행속도의 신뢰성이 있다고 판단되고, 동일한 구간 사고차량 블랙박스 영상 분석을 통해 추정한 주행속도도 상당히 유의미하다고 판단됨.

▶ 분석 결과 및 견해

구간 구분 근거		구간별 제한속도 (km/h)	구간별 제한속도(km/h) (※기상상황 고려한 20% 감속 시)	구간 거리 (m)	사고차량 추정 주행속도 (km/h) (등속도 주행 가정 시)	※참고·실험차량 주행속도(km/h) (등속도 주행 가정 시)
I	교량구간	40	32	92	27.6	28.8
II	직선구간	40	32	948	56.88	46.12
III	직선구간	60	48	3,390	68.95	61.02
IV	곡선구간	60	48	276	70.97	60.22

1. 각 구간별 추정 주행속도를 분석해 보면 상기 사고 차량은 II구간에서는 등속도 주행 가정 시 제한속도 40㎞/h의 약 42%를 초과한 56.88㎞/h로, III구간에서는 제한속도 60㎞/h의 약 15%를 초과한 68.95㎞/h, IV구간에서는 제한속도 60㎞/h의 약 18%를 초과한 70.97㎞/h의 속도로 주행한 것으로 추정함이 상당함(위 표 참조).

2. 그런데 사고 당일 기상 상황(인천지역 적설량 1.5cm - 기상청 기록)을 고려할 때 해당 도로 주행 시 제한속도의 20% 감속 의무가 요구되었으므로 II구간에서는 제한속도 32㎞/h 이내, III ~ IV구간에서는 48㎞/h 이내의 속도로 주행하는 것이 규정에 부합하는 주행방법임. 하지만, 상기 사고차량은 II ~ IV구간에서 이러한 제한속도를 현저하게 초과한 속도(감속된 제한속도의 최소 20% 이상)로 주행한 것으로 판단됨(위 표 참조).

3. 뿐만 아니라 사고지점 이전에 미끄럼 주의, 결빙구역 경고 등 모두 2번의 경고 및 주의 표지판이 설치되어 있었던 것으로 확인되나 해당 표지판 설치 지점 통과 이후 상기 사고차량의 감속이 확인되지 않아 경고 및 알림 표지판을 간과하고 주행한 것으로 판단됨.

4. 최근 변경된 지정차로제를 근거로 할 때 화물차량은 우측차로(기존 3차로 도로 중 3차로)로 주행이 요구됨. 그러나 상기 사고차량은 좌측차로(편도 3차로 중 2차로)로 주행한 것으로 확인되어 지정차로 주행 위반 사실도 확인됨.

교통사고 영상분석: 현재와 미래를 관통하다

필자는 이 책에서 다년간 축적된 교통사고 영상분석 실무 경험을 집대성하여, 실제 사례를 통해 분석 과정의 기술적, 이론적 기초를 견고히 제시하고자 하였습니다. 본서에서 다루는 각 사례는 단순한 사고 재구성을 넘어, 영상 자료를 과학적으로 해석하고 논리적으로 판단하는 체계적인 절차를 구축하기 위한 깊이 있는 시도로써 그 의미를 찾고자 했습니다.

현재 교통사고 영상분석 분야는 혁명적인 패러다임 전환 국면을 맞이하고 있습니다. 인공지능과 첨단 영상처리 기술의 비약적 발전은 기존의 수작업 중심 분석 방식에서 데이터 기반의 자동화 분석 시대로의 전환을 가속화하고 있습니다. 이러한 기술의 발전으로 차량 속도, 거리, 충돌 각도, 궤적 등 핵심 정보의 자동 산출이 가능해졌으며, 이는 분석 효율성과 정밀성을 획기적으로 개선하는 데 크게 기여하고 있습니다.

그러나 첨단 기술의 진보가 곧 영상분석의 절대적인 정확성, 신뢰성, 그리고 법적 타당성을 담보하는 것은 아닙니다. 실제 사고 분석은 여전히 다양한 변수가 얽힌 복합적인 양상을 보입니다. 영상의 화질, 촬영 각도, 조도, 렌즈 왜곡, 그리고 차량의 동적 특성 등 수많은 요인들이 분석 결과에 중대한 영향을 미칩니다. 따라서 인공지능의 산출 결과는 어디까지나 보조적인 도구로서 기능해야 하며, 최종적인 판단은 물리적·공학적 원리와 풍부한 현장 경험을 바탕으로 한 전문가의 철저한 검증 절차를 반드시 거쳐야 합니다.

향후 교통사고 영상분석은 AI 기반 예측 및 시뮬레이션 기술, 정교한 자동 추적 시스템, 증강 현실(AR) 기반 현장 재현 기술 등과 유기적으로 융합하며 발전할 것입니다. 이처럼 기술이 진보하는 시대 속에서도 가장 변치 않는 가치는 바로 데이터에 대한 심층적인 해석 능력과 윤리적인 판단입니다. 그러므로 교통사고 영상분석 전문가는 단순히 기술적 정확성을 넘어, 그 분석 결과가 사회적

신뢰와 법적 정의로 이어질 수 있도록 과학적 근거와 인간적 책임을 함께 견지해야 할 것입니다. 한편, 교통사고 영상분석은 단순한 기술적 영역을 넘어 법학, 공학, 심리학, 영상과학이 조화롭게 교차하는 융합 학문으로 확고히 자리 잡을 것입니다. 이 책은 그러한 통합적이고 견고한 토대를 제시하고자 한 접근입니다. 앞으로 학문적 연구와 실무적 적용 사이의 최적 균형점을 찾는 데 귀중한 기여를 할 수 있기를 바랍니다.

참고 문헌 및 출처

- 국토교통부 V-world 항공촬영맵 - 경기도 안양시 홍안대로 125
- 유튜브(믹서트럭의 제원과 공구리 이야기. 독고다이 레미콘 Mixer truck road view, 검색날짜: 2025. 1. 6.)
- 서울시 교통운영과 노면표시 공사설계설명서
- 운전자 시야를 고려한 시거 산출 및 설계 일관성에 관한 연구(대한교통학회 학술대회지, 제44권, 2003. 1, pp 1~6)
- 카카오맵 - 서울 강동구 고덕로 399
- 교통사고사실확인원 - 부산남부경찰서 교통조사계
- 교통사고사실확인원 - 인천부평경찰서 교통조사계
- 현대자동차 홈페이지 - 2018년식 산타페 제원
- 카카오맵 - 경남 김해시 외동 신세계백화점 인근
- 손해보험협회 과실비율 정보포털 - http://accident.knia.or.kr

블랙박스를 말하다

ⓒ 유 력, 2026

초판 1쇄 발행 2026년 1월 8일

지은이   유 력
펴낸이   이기봉
편집   좋은땅 편집팀
펴낸곳   도서출판 좋은땅
주소   서울특별시 마포구 양화로12길 26 지월드빌딩 (서교동 395-7)
전화   02)374-8616~7
팩스   02)374-8614
이메일   gworldbook@naver.com
홈페이지   www.g-world.co.kr

ISBN   979-11-388-5165-7 (03350)

• 가격은 뒤표지에 있습니다.
• 이 책은 저작권법에 의하여 보호를 받는 저작물이므로 무단 전재와 복제를 금합니다.
• 파본은 구입하신 서점에서 교환해 드립니다.